AF272134

1 Ernährung bei chronischer Pankreatitis

Diese Empfehlungen bitte immer mit Ernährungsberater/in, Arzt oder Diätologen/in absprechen! Die Rezepte und Zutatenlisten unterstützen die medizinischen Therapien.

Die Kalorienangaben frischer Zutaten (Obst und Gemüse) und die Inhaltsstoffe schwanken je nach Qualität und Erntezeit. Die Inhalte wurden von einer Diätologin und einer Ernährungsberaterin für die Traditionelle Chinesische Medizin (TCM) geprüft.

Autor:

©2022 Josef Miligui

Liebe Leserinnen und Leser, ich wünsche Ihnen viel Erfolg und gutes Gelingen bei der Umstellung Ihrer Ernährung. Dieses Buch wurde aus eigener Erfahrung mit Krankheit und Ernährung geschrieben und ich habe schon immer das Zubereiten guter Speisen geschätzt. Wenn Sie nicht so geübt sind im Kochen, empfiehlt sich ein Kurs bei Ernährungsberatern oder Diätologen, die Ihnen die Grundlagen der Kochmethoden sowie die richtige Verarbeitung der Zutaten vermitteln können. Anhand der Lebensmittellisten aus diesem Buch können Sie weitere Rezepte entwickeln und entdecken.

Quelle:

Die Listen werden aus der EBNS-Datenbank für die Ernährungsberatung generiert. Die Datenbank wird von Ernährungsberater, Therapeuten und Ärzte für die Beratung der Patienten/Klienten verwendet und ermöglicht eine Kombination mehrerer Syndrome.

Literaturliste:

Wir haben die Unterlagen als Wissensbasis genutzt und an unsere Erfahrungen angepasst und ergänzt.

www.ebns.at

Herstellung und Verlag:

BoD – Books on Demand, Norderstedt

ISBN: 9783837052008

DIÄTETIK - Gastrointestinaltrakt - Bauchspeicheldrüse - Chronische Pankreatitis (Entzündung der Bauchspeicheldrüse)
(Buch: 015)

1.1 Vorwort

Die Weltgesundheitsorganisation (WHO) davon spricht, dass bis zu 80% der Erkrankungen durch äußere Faktoren wie Ernährung, Lebensstil, Umweltgifte und dergleichen beeinflusst werden.

Welche Faktoren also jeder einzelne von uns aktiv beeinflussen kann und somit seine Chancen auf Erhöhung der allgemein Gesundheit erzielen kann, darum geht es auf den folgenden Seiten.

Der Fokus in diesem Buch liegt auf dem Faktor mit der größten Hebelwirkung - der Ernährung.
Schon Hippokrates hat einst gesagt "Lass die Nahrung deine Medizin sein und Medizin deine Nahrung!" Kräuterpädagog:innen heute sagen so: "Es gibt für jede Krankheit das richtige Kraut."

Egal wie wir es drehen und wenden, wir sind was wir essen (und was unser Essen gegessen hat). Der moderne Mensch sieht sich gerne isoliert von seiner Umwelt. Wir entstehen aus unserer Umwelt, wir leben inmitten von ihr und wenn wir sterben gehen wir wieder in unsere Umwelt über. Während wir leben essen wir das, was in unserer Umwelt wächst (oder in Fabriken chemisch erzeugt wird). Diese Nahrung liefert die Energie und Bausteine, für den eigenen Körper, für den Stoffwechsel, Zellerneuerung, den Hormonhaushalt und damit für unser gesamtes Sein, die Gesundheit und unser Empfinden.

Hier ein paar Grundbausteine, bevor in dem Buch noch näher auf Ernährungsfaktoren eingegangen wird, die sozusagen der kleinste gemeinsame Nenner der meisten Ernährungsphilosophien sind:

- Saisonalität
    - o   Winterpflanzen, wie zum Beispiel verschiedene Kohlgewächse, versorgen uns mit Unmengen von Vitamin C und Bitterstoffen. Zwei Faktoren, die unser

Immunsystem bei der Abwehr von der Kälte und den typischen Infekten in der Winterzeit unterstützen.
- o Sommerpflanzen wie zum Beispiel Gurken, Tomaten aber auch Zitrusfrüchte kühlen unseren aufgeheizten Körper und versorgen uns mit viel Wasser.
- o Außerdem müssen bei saisonalen Pflanzen weniger chemische Helferlein eingesetzt werden, da die passenden Umweltfaktoren das Wachstum sowieso fördern.
- Regionalität
  - o Damit einher geht auch der Faktor der Regionalität. Regionale pflanzliche Lebensmittel werden reif geerntet und haben somit alle Nährstoffe entwickeln können. Im Gegensatz dazu wird Obst und Gemüse aus ferneren Ländern unreif geerntet und nur durch den Einsatz von chemischen Mitteln unnatürlich "nachgereift" - bzw. nur nach-gefärbt. Die Dichte der Nährstoffe und auch der Geschmack kann dabei niemals mit regionalen Lebensmitteln mithalten. (Sie haben es vielleicht schon selber erlebt, dass eine Südfrucht aus dem jeweiligen Ursprungsland dort im Urlaub viel süßer und vollmundiger schmeckt als die gleiche Frucht aus dem zentraleuropäischen Supermarkt).
- Pflanzenbasierte Ernährung
  - o Ja, diese Basis teilen selbst die Anhänger der Fleischdiät mit den Veganern. Denn bei der Fleischdiät geht es auch um Fleisch von Tieren, die sich artgerecht, sprich von vielen Gräsern und Kräutern ernährt haben. Die Masse an Getreide in der heutigen Ernährung - egal ob bei Mensch oder Tier - entspricht nicht der natürlichen Ernährungsweise. Sie macht uns krank, dick und manche behaupten sogar dumm (das weist auf die Schädigung der neuronalen Netzwerke hin, die durch den Konsum von Kohlenhydraten passiert hin). Pflanzen im Sinne von Gemüse, Kräutern, Salaten, Sprossen, in geringen Mengen Obst, Nüsse, Samen, etc. liefern neben den viel beschriebenen Vitaminen und Mineralstoffen vor allem sekundäre Pflanzenstoffe, die herausragende Heilwirkung haben. So werden eine Vielzahl unserer Medikamente auf Basis der natürlich vorkommenden Pflanzenstoffe nachgebaut. Allerdings sind da diverse Säuren und andere Wirkstoffe extrahiert und wirken nur alleine - mit

den Pflanzen selbst nehmen wir sie in einer reichhaltigen und sich gegenseitig verstärkenden Kombination vielerlei wirksamer Stoffe zu uns.

Ja zusätzlich zu diesen 3 großen Punkten gibt es immer noch sehr viel zu beachten. Ein optimales Verhältnis von Omega 3 zu Omega 6 Fettsäuren (empfohlen wird 1:3), eine individuell und situationsbedingte Eiweißversorgung und so weiter.

Eine ganz gute und einfache Richtlinie für die alltägliche Ernährung bietet der ideale Teller. Der sieht so aus, dass möglichst jede Mahlzeit zur Hälfte aus pflanzlichen Bestandteilen besteht, ein Viertel der Eiweißversorgung dient und ein Viertel die Mahlzeit durch gute Fette und eventuell Kohlenhydrate abrundet.

Die Feinjustierung rund um die Zubereitungsarten, die Zusammenstellungen und so weiter sehe ich als sehr individuell an. Es gibt meines Erachtens nicht die 1 perfekte Ernährung. Es gibt so viele großartige Philosophien und Studien, die alle wunderbare Heilungen berichten und sich dabei aber gegenseitig ausschließen. Was auf den ersten Blick vielleicht paradox wirkt, eröffnet bei näherer Betrachtung ganz viele Möglichkeiten des Probierens und neuer Chancen.

Neben der Ernährung werden noch folgende Faktoren genannt:
- die Giftstoffbelastung in unserer Umwelt sowie in Pflegeprodukten oder eben in der Ernährung
- eine Balance aus Aktivität, (kurzzeitigem) Stress und der Entspannung wie auch Schlaf
- Aufarbeitung der emotionalen Wunden aus der Vergangenheit und Steigerung der Resilienz
- Biologische Zahnheilkunde
- eine optimierte Versorgung durch Heilkräuter, Heilpilze udgl.
- Früherkennung durch bewährte und schonende Verfahren

1.2 Beschreibung

Fortschreitender Untergang von Gewebe, der zur exokrinen und
endokrinen Pankreasinsuffizienz führt.
Bis zu 90 % des Pankreasparenchyms können zerstört sein, ohne dass
klinische Zeichen auftreten.

Folgen: Ungenügende Ausnützung der Nährstoffe (vor allem von Fett)
eventuell sekundärer Diabetes mellitus

Symptome: Schmerzen im Oberbauch (gürtelförmige Schmerzen),
Maldigestion, Blähungen, Durchfall, Steatorrhö, Gewichtsverlust

Ursachen: Chronischer Alkoholabusus (häufigste Ursache - 80 %),
Chronische Gallenwegsinfekte, Mukoviszidose.

1.3 Therapiestrategie

Leichte Vollkost; nur fein vermahlene Vollkornprodukte, keine Rohkost,
keine blähenden Gemüse und Hülsenfrüchte; 6 – 8 kleine Mahlzeiten,
die schonend zubereitet sein sollten: Garen und Dünsten, Braten mit
wenig Fett.
Nach dem Abklingen der Symptome wird in der Regel eine sogenannte
leichte Vollkost verordnet.
Die Nahrung sollte kohlenhydratreich sein, ausreichend essenzielle
Fettsäuren enthalten und auf kleine Mahlzeiten aufgeteilt werden.

1.4 Vermeiden

Alkohol, fette Speisen, Kaffee

2 Speiseplan

2.1 Frühstück

Aufgeschlagene Banane 144,0
Gemüse-Kartoffel-Fleisch-Brei 127,4
Geriebener Apfel 120,0
Geröstete Hirse mit Stangensellerie 400,1
Gerstenbrei mit Beeren 112,6
Gerstenschrotsuppe 265,4
Getreidekaffee mit Kardamom 3,6
Grießsuppe mit Gemüse 105,5
Hafer-Congee 162,1
Karotten- Reisschleimsuppe 101,0
Kompott aus Äpfeln 67,3
Kompott aus Rhabarber 48,2
Kürbis-Joghurt-Suppe 68,2
Nudel-Auflauf mit Quark und Pfirsichen 442,4
Obstsaftgetränk 175,5
Polenta mit Pfirsich 197,2
Preiselbeer-Joghurt-Mix 57,1
Reis mit Pastinake 206,5
Reis-Congee mit Karotten und Fenchel 131,6
Rhabarber-Apfel-Grütze 180,0
Rosmarinkartoffeln 188,7
Tee aus Grüntee 3,0
Tee aus Hijiki-Algen 0,7
Tee aus Ingwer mit Honig 4,9
Tee aus Schwarztee (Russischer Tee) 7,9
Tee aus Wacholderbeeren 10,9
Vitamindrink 172,1

2.2 Jause

Gerstenbrei mit Beeren 112,6

2.3 Mittag

Antipasti 100,1
Aufgeschlagene Banane 144,0
Brennnessel mit Mangold Suppe 52,1
Gefrorener Ananassaft 29,5

2.4 Nachmittag

2.5 Abend

3 Rezepte

empfehlenswert = Sie können mehr verwenden
wenig = wenn möglich weniger verwenden
weniger als angegeben = möglichst nicht verwenden

3.1 Antipasti

Fördert Durchblutung, lindert Entzündungen und Schmerzen,
harntreibend, senkt Blutdruck, antioxidativ, antibakteriell, regt Kreislauf
an. Hilft bei: Appetitlosigkeit, Magen- und Verdauungsschwäche,
Blähungen.

Anzahl Portionen: 3
Kalorien p. Portion   100
Gramm p. Portion   246,83
Kochdauer ca.   40 min.
(Kohlehydrat:53,79% / Eiweiß & Fett:46,21%)
100g.≈ Eiweiß 2,75g. Fett:5,61g.
µg. - Ph:7,93 Na:1,08 Ka:67,5 Mg:5,14 Ca:7,21 Fe:0,24 Zn:0,03 Col.:0 Hsr.:5,8

Zutaten:

Peperoni 1 Stück / 5g. (weniger als angegeben)
Zitrone Saft 1 EL / 10g. (weniger als angegeben)
Aubergine 1 Stück / 300g. (empfehlenswert)
Tomate 4 Stück / 200g. (ja)
Zucchini 200 g. / 200g. (empfehlenswert)
Zitrone Schale 1/2 Stück / 3g. (weniger als angegeben)
Olivenöl 1 EL / 15g. (wenig)
Basilikum (frisch) 8 Blätter / 5g. (empfehlenswert)
Salz 1 Prise / 0,5g. (wenig)
Koriander 1/2 TL / 2g. (empfehlenswert)

Kochanleitung:

Peperoni im Ofen bei 250 Grad backen, bis die Schale dunkel wird (ca.
20 Min.). Die Peperoni abdecken und auskühlen lassen, häuten und in
ca. 2 cm breite Streifen schneiden. Tomaten halbieren und gemeinsam
mit den in Scheiben geschnittenen Auberginen mit Öl bestreichen und
im Ofen bei 200 Grad goldbraun backen (ca. 10 Min.).
Zucchinischeiben in Grillpfanne (ohne Fett) anbraten. Alles zusammen
anrichten, die Marinade aus Olivenöl, Salz und Zitronenschale mischen
und über das Gemüse gießen. Mit Koriander bestreuen und 1 Std.
ziehen lassen.

3.2   Aufgeschlagene Banane

2 x tgl. essen, reguliert Magen-Darm-Funktion, wirkt stopfend.
Anzahl Portionen: 1
Kalorien p. Portion 144
Gramm p. Portion   150
Kochdauer ca.   7 Min.
(Kohlehydrat:94,54% / Eiweiß & Fett:5,46%)
100g.≈ Eiweiß 1,65g. Fett:0,3g.
µg. - Ph:28 Na:1 Ka:393 Mg:36 Ca:9 Fe:0,6 Zn:0,2 Col.:0 Hsr.:25

Zutaten:
Banane 1 Stück / 150g. (ja)

Kochanleitung:
Banane mit der Gabel zerdrücken oder mit einem Mixstab pürieren.
Mindestens 5 Min. braun werden lassen.

3.3   Bad mit Lavendel

Beruhigend, regeneriert das zentrale Nervensystem. Gut bei
Unruhezuständen, Einschlafstörungen, Appetitlosigkeit und nervösen
Darmbeschwerden.
Anzahl Portionen: 2
Kalorien p. Portion 0
Gramm p. Portion   2,5
Kochdauer ca.   10 Min.
(Kohlehydrat:0% / Eiweiß & Fett:0%)
100g.≈ Eiweiß 0g. Fett:0g.
µg. - Ph:0 Na:0 Ka:0 Mg:0 Ca:0 Fe:0 Zn:0 Col.:0 Hsr.:0

Zutaten:
Lavendelblüten 1 Säckchen / 5g. (ja)

Kochanleitung:
Bad einlassen und ein zugebundenes Stoffsäckchen mit dem Lavendel
in das Wasser geben und 10 Minuten ziehen lassen. Das Säckchen
kann mehrmals ausgedrückt werden, bevor man es herausnimmt.

3.4 Brennnessel mit Mangold Suppe

Harntreibend, reinigt die Nieren, blutreinigend, entschlackend,
unterstützend bei Prostatabeschwerden, hemmt die Bildung von
Entzündungsstoffen, wirkt schmerzlindernd. Mangold unterstützt die
Darmtätigkeit und reinigt den Darm.

Anzahl Portionen: 4
Kalorien p. Portion 52
Gramm p. Portion   230,38
Kochdauer ca.   30 Min.
(Kohlehydrat:41,21% / Eiweiß & Fett:58,79%)
100g.≈ Eiweiß 2,64g. Fett:2,87g.
µg. - Ph:5,68 Na:12,63 Ka:52,35 Mg:11,26 Ca:15,14 Fe:0,37 Zn:0,01 Col.:0 Hsr.:9,79

Zutaten:
Brennnessel 1 Handvoll / 10g. (ja)
Mangold 1/2 Kg. / 500g. (empfehlenswert)
Salz 1 Prise / 1g. (wenig)
Wasser 1/2 Liter / 400g. (ja)
Olivenöl 1 EL / 10g. (wenig)
Pfeffer gemahlen 1 Prise / 0,5g. ()

Kochanleitung:
In einem Topf das Öl erhitzen, den gewaschenen und fein
geschnittenen Mangold dazugeben, salzen und 10 Min. köcheln lassen.
Die gehackten Brennnesseln zufügen und weitere 10 Min. kochen. Mit
Pfeffer würzen und pürieren.

3.5 Erdbeersuppe mit Melonen

Lindert Schmerzen und Entzündungen bei Rheuma, ist harntreibend,
hilft bei Verstopfung.

Anzahl Portionen: 2
Kalorien p. Portion 87
Gramm p. Portion   285,5
Kochdauer ca.   5 Min.
(Kohlehydrat:86,25% / Eiweiß & Fett:13,75%)
100g.≈ Eiweiß 2,04g. Fett:0,84g.
µg. - Ph:11,96 Na:3,07 Ka:101,16 Mg:6,79 Ca:10,32 Fe 0,28 Zn:0,C1 Col.:0 Hsr.:13,35

Zutaten:
Erdbeere 300 g. / 300g. (empfehlenswert)
Erdbeersaftgetränk 70 ml / 70g. (ja)
Zitrone Schale 1/4 TL / 1g. (weniger als angegeben)
Honigmelone 200 g / 200g. (empfehlenswert)

Kochanleitung:
Erdbeeren (frisch oder tiefgekühlt) und Erdbeersaft mit dem Mixstab pürieren und etwas Zucker untermischen. Melonenfruchtfleisch in kleine Stücke schneiden. Die Erdbeersuppe portionsweise anrichten und Melonenwürfel in die süße Suppe setzen.

3.6   Gefrorener Ananassaft

Lindert Entzündungen, harntreibend, reinigt die Haut.
Anzahl Portionen: 1
Kalorien p. Portion 29
Gramm p. Portion   50
Kochdauer ca.   1 1/2 Stunden
(Kohlehydrat:95,07% / Eiweiß & Fett:4,93%)
100g.≈ Eiweiß 0,25g. Fett:0,1g.
µg. - Ph:9 Na:2 Ka:173 Mg:17 Ca:16 Fe:0,4 Zn:0,3 Col.:0 Hsr.:7

Zutaten:
Ananas 50 g. / 50g. (ja)

Kochanleitung:
Ananas selbst entsaften oder Bio-Ananassaft in kleinen Portionen einfrieren und bei Bedarf lutschen.

3.7   Gemüse-Kartoffel-Fleisch-Brei

Stärkt Immunsystem, lindert Entzündungen, verbessert Verdauung, stärkt Milz und Magen, stärkt Muskeln, Sehnen und Knochen, antiparasitär.
Anzahl Portionen: 2
Kalorien p. Portion 127
Gramm p. Portion   203
Kochdauer ca.   30 Min.
(Kohlehydrat:57,12% / Eiweiß & Fett:42,88%)
100g.≈ Eiweiß 7,67g. Fett:3,57g.
µg. - Ph:24,37 Na:10,8 Ka:87,08 Mg:6,49 Ca:12,42 Fe:0,62 Zn:0,2 Col.:1,8 Hsr.:11,45

Zutaten:
Kartoffel 100 g. / 100g. (empfehlenswert)
Karotte (Frühkarotte) 200 g. / 200g. (empfehlenswert)
Rind (Kalb) 40 g. / 40g. (ja)
Marillensaft 6 EL / 60g. (wenig)
Rapsöl 1 EL / 6g. (wenig)

Kochanleitung:

Das Fleisch von Haut, Sehnen und Fettresten befreien, unter kühlem Wasser abspülen, in kleine Stücke schneiden und in wenig Wasser gar kochen. Nach ca. 15-20 Min. herausnehmen und pürieren. Das Gemüse und die Kartoffeln waschen, schälen und in nicht zu kleine Stücke schneiden. Mit wenig Wasser auf kleiner Flamme in 10-20 Min. weich kochen. Mit dem Pürierstab das Gemüse zerkleinern und alles vermischen. Butter oder Öl und Obstsaft hinzufügen und nochmals pürieren. Verwenden Sie abwechselnd andere Fleischsorten wie Huhn, Lamm oder Pute. Wechseln Sie auch beim Gemüse ab mit Zucchini, Kohlrabi, Fenchel, Kürbis, Pastinaken und Brokkoli. Wechseln Sie auch die Obstsäfte. Dadurch kann eine Vielfalt an Geschmacksrichtungen erzeugt werden.

3.8 Geriebener Apfel

3 x tgl. essen, wirkt stopfend, bindet Wasser im Darm.
Anzahl Portionen: 1
Kalorien p. Portion 120
Gramm p. Portion   200
Kochdauer ca.   10 Min.
(Kohlehydrat:94,21% / Eiweiß & Fett:5,79%)
100g.≈ Eiweiß 0,6g. Fett:0,8g.
µg. - Ph:11 Na:3 Ka:144 Mg:6 Ca:7 Fe:0,5 Zn:0,1 Col.:0 Hsr.:15

Zutaten:

Apfel (sauer) 1 Stück / 200g. (ja)

Kochanleitung:

Apfel (sauer) schälen und möglichst fein reiben. Danach mindestens 5 Min. stehen lassen, bis er braun geworden ist.

3.9 Geröstete Hirse mit Stangensellerie

Stärkt Milz und Nieren, harntreibend, stoffwechselfördernd.
Anzahl Portionen: 2
Kalorien p. Portion 400
Gramm p. Portion   228
Kochdauer ca.   30 min
Allergene: L
(Kohlehydrat:82,09% / Eiweiß & Fett:17,91%)
100g.≈ Eiweiß 7g. Fett:2,59g.
µg. - Ph:44,42 Na:8,59 Ka:31,27 Mg:23,88 Ca:11,01 Fe:1,24 Zn:0,24 Col.:0 Hsr.:12,62

Zutaten:

Hirse 1 Tasse / 120g. (ja)
Wasser 2 Tassen / 240g. (ja)

Sellerie Stangensellerie 2 Stangen / 50g. (empfehlenswert)
Kräuter verschiedene 1 EL / 10g. (ja)
Wasser 2 EL / 30g. (ja)
Salz 1 Prise / 1g. (wenig)
Salbei 3-4 Blätter / 2g. (empfehlenswert)
Kresse 1 TL / 3g. (empfehlenswert)

Kochanleitung:
Hirse kurz anrösten, mit Wasser übergießen, kurz aufkochen und 20
Min. quellen lassen. Stangensellerie klein schneiden, mit Wasser, Salz
und frischen Kräutern 10 Min. kochen und zu der Hirse geben. Frischen
Salbei oder Kresse kleingehackt darüberstreuen.

3.10 Gerstenbrei mit Beeren

Harntreibend, stärkt Magen, befeuchtet Darm und Haut, entspannt, stillt
Husten, führt leicht ab, stärkt Nieren, fördert Verdauung, entgiftet, treibt
Schweiß, reduziert Blutfett, regt an, löst Stagnation.
Anzahl Portionen: 5
Kalorien p. Portion 113
Gramm p. Portion   318,6
Kochdauer ca.   2 Stunden
Allergene: A
(Kohlehydrat:82,48% / Eiweiß & Fett:17,52%)
100g.≈ Eiweiß 4,02g. Fett:0,78g.
µg. - Ph:7,36 Na:0,55 Ka:13,46 Mg:3,14 Ca:2,78 Fe:0,08 Zn:0,01 Col.:0 Hsr.:2,4

Zutaten:
Wasser 10 Tassen / 1200g. (ja)
Gerste 1 Tasse / 120g. (ja)
Ingwer frisch 2 Scheiben / 2g. (empfehlenswert)
Kardamom 3 Kapseln / 1g. (empfehlenswert)
Salz 1 Prise / 1g. (wenig)
Himbeere 250 g. / 250g. (empfehlenswert)
Kakao 1 Prise / 1g. (ja)
Gerstenmalz 1 EL / 15g. (ja)
Zitronenmelisse (frisch) 2-4 Blätter / 3g. (ja)

Kochanleitung:
Gerste mit Wasser, Ingwer und Kardamomkapseln in einem großen
Topf aufkochen. Mit einem Deckel fest verschließen und auf kleiner
Stufe etwa 2 Std. lang kochen. Für 2 Portionen vom gekochten
Gerstenbrei etwa 2 Schöpflöffel in eine Schüssel geben. Mit
Sonnenblumenkernen, Malz, Kakaopulver und einer Prise Salz
verrühren. Frische Beeren in den Brei rühren und mit frischer Minze

oder Melisse bestreut servieren. Tipp: Der vorgekochte Gerstenbrei (ohne Früchte) kann gut im Kühlschrank aufbewahrt und sowohl für süße als auch für pikante Gerichte verwendet werden, z.B. mit gedünstetem Gemüse oder mit Kompott aus Früchten der Saison.

3.11 Gerstenschrotsuppe

Harntreibend, stärkt Magen, befeuchtet Darm, regt Leberfunktion an, antioxidativ, fördert Verdauung, entgiftet, reduziert Blutfett, regt an, löst Stagnation.

Anzahl Portionen:　2
Kalorien p. Portion　265
Gramm p. Portion　201
Kochdauer ca.　25 Min.
Allergene:　A
(Kohlehydrat:75,62% / Eiweiß & Fett:24,38%)
100g.≈ Eiweiß 8,17g. Fett:6,42g.
µg. - Ph:56,06 Na:4,73 Ka:103,77 Mg:19,04 Ca:16,65 Fe:0,63 Zn:0,22 Col.:0,01
Hsr.:17,61

Zutaten:
Gerste 1 Tasse / 120g. (ja)
Salz 1 Prise / 1g. (wenig)
Ingwer frisch 1/2 TL / 1g. (empfehlenswert)
Olivenöl 1 EL / 10g. (wenig)
Petersilie 3 EL / 30g. (empfehlenswert)
Wasser 2 Tassen / 240g. (ja)

Kochanleitung:
Gerste in der Pfanne trocken rösten, anschließend zu Schrot mahlen und mit Wasser, etwas Salz und Ingwer zu einem Brei kochen. Vor dem Servieren Öl und Petersilie unterheben. Variante: Man kann dem Gericht einen noch besseren Geschmack verleihen, in dem man es mit vorbereiteter Gemüse- oder Fleischbrühe kocht.

3.12 Getreidekaffee mit Kardamom

Harntreibend, stärkt Magen, befeuchtet Darm, befeuchtet die Haut, entspannt, vermindert Fettgewebe.

Anzahl Portionen:　1
Kalorien p. Portion　4
Gramm p. Portion　136
Kochdauer ca.　5 Min.
(Kohlehydrat:98,58% / Eiweiß & Fett:1,42%)
100g.≈ Eiweiß 0,12g. Fett:0,08g.
µg. - Ph:1,29 Na:1,02 Ka:7,9 Mg:2,49 Ca:5,37 Fe:0,08 Zn:0,09 Col.:0 Hsr.:0

Zutaten:
Getreidekaffee 1 EL / 15g. (ja)
Kardamom 2 Kerne / 1g. (empfehlenswert)
Wasser 1 Tasse / 120g. (ja)

Kochanleitung:
Wasser, Kaffee, Zucker und Kardamom aufkochen und setzen lassen.

3.13 Grießsuppe mit Gemüse

Senkt Blutdruck, stärkt Immunsystem, beugt Krebs vor, stärkt Magen,
löst Stagnation, fördert Gewichtsabnahme. Gut bei Abwehrschwäche,
Appetitlosigkeit, Blähungen, Bluthochdruck, Depressionen, Diabetes,
Durchfall, Rheuma, Sodbrennen, Zwölffingerdarmgeschwür.
Anzahl Portionen: 3
Kalorien p. Portion   106
Gramm p. Portion   237,7
Kochdauer ca.   20 Min.
Allergene: AGL
(Kohlehydrat:85,32% / Eiweiß & Fett:14,68%)
100g.≈ Eiweiß 2,38g. Fett:4,25g.
µg. - Ph:8,65 Na:9,11 Ka:25,61 Mg:28,49 Ca:112,45 Fe:0,33 Zn:0,03 Col.:0 Hsr.:5,1

Zutaten:
Grundrezept für eine Gemüsebrühe 1/2 Liter / 500g. (empfehlenswert)
Weizen Gries 2 EL / 20g. (ja)
Liebstöckel 1/2 TL / 2g. (empfehlenswert)
Basilikum (frisch) 1/2 TL / 1g. (empfehlenswert)
Muskatnuss 1 Prise / 0,1g. (empfehlenswert)
Karotte (Mohrrübe, Möhre) 100 g. / 100g. (empfehlenswert)
Sellerie Knolle 50 g. / 50g. (empfehlenswert)
Sahne, süß 30% 3 EL / 30g. (weniger als angegeben)
Petersilie 1 EL / 10g. (empfehlenswert)

Kochanleitung:
Grieß ohne Fett in einer Pfanne anrösten. Kleingeschnittene Karotten
und Sellerie kurz mitrösten. Mit der Gemüsesuppe aufgießen, mit
Liebstöckel und Muskatnuss würzen und 10 Min. köcheln lassen. Vor
dem Servieren die Sahne einrühren und mit Petersilie garnieren.

3.14 Grundrezept für eine nahrhafte Gemüsebrühe

Senkt Blutdruck und Blutfett, bakterizid, stärkt Immunsystem, beugt Krebs vor, stärkt Magen, löst Stagnation, fördert Gewichtsabnahme, hilft bei Appetitlosigkeit, Blähungen, Bluthochdruck, Depressionen, Diabetes, Durchfall.

Anzahl Portionen: 5
Kalorien p. Portion 48
Gramm p. Portion   240,6
Kochdauer ca.   2-3 Stunden
Allergene: L
(Kohlehydrat:71,3% / Eiweiß & Fett:28,7%)
100g.≈ Eiweiß 1,57g. Fett:1,31g.
µg. - Ph:4,86 Na:3,67 Ka:25,68 Mg:1,8 Ca:6,32 Fe:0,1 Zn:0,01 Col. 0 Hsr.:2,78

Zutaten:

Olivenöl 1 EL / 4g. (wenig)
Zwiebel weiss 1 Stück / 60g. (weniger als angegeben)
Karotte (Mohrrübe, Möhre) 3 Stück / 200g. (empfehlenswert)
Pastinake 150 g. / 150g. (empfehlenswert)
Sellerie Knolle 1 Tasse / 100g. (empfehlenswert)
Ingwer frisch 1/2 TL / 2g. (empfehlenswert)
Zitrone 1/2 Stück / 25g. (weniger als angegeben)
Wacholderbeere 6 Stück / 6g. (empfehlenswert)
Thymian getrocknet 1 Prise / 1g. (ja)
Liebstöckel 1 EL / 3g. (empfehlenswert)
Lorbeerblatt 2 Blätter / 1g. (empfehlenswert)
Salz 1 Prise / 1g. (wenig)
Wasser 3/4 Liter / 650g. (ja)

Kochanleitung:

Gemüse würfelig schneiden. Öl in einem Topf erhitzer, die Zwiebel und das Gemüse darin anbraten, Ingwer und Lorbeer zugeben. Mit kaltem Wasser aufgießen, Zitronensaft zufügen und mit Wacholder, Thymian und Liebstöckel würzen. 2-3 Std. auf kleiner Stufe zugedeckt köcheln lassen. Brühe durch ein Sieb streichen und im Kühlschrank aufbewahren. Sie dient als Suppengrundlage und verfeinert Gemüse, Hülsenfrüchte oder Getreide.

3.15 Grundrezept für eine Reissuppe (Congee)

Niedriger Fettgehalt, zur Entwässerung des Körpers bei Übergewicht und Bluthochdruck.
Anzahl Portionen: 3
Kalorien p. Portion   140
Gramm p. Portion   273,33
Kochdauer ca.   2-4 Stunden
(Kohlehydrat:89,71% / Eiweiß & Fett:10,29%)
100g.≈ Eiweiß 2,96g. Fett:0,48g.
µg. - Ph:5,85 Na:0,58 Ka:5,02 Mg:3,41 Ca:1,72 Fe:0,03 Zn:0,02 Col.:0 Hsr.:6,34

Zutaten:
Reis Sorte beliebig 1 Tasse / 120g. (ja)
Wasser 6 Tassen / 700g. (ja)

Kochanleitung:
Man kocht Reis und Wasser in einem Verhältnis von etwa 1:6. Die Menge des Wassers bestimmt die Dicke des Breis (reine Geschmackssache). Der Reis quillt unwahrscheinlich auf, nehmen Sie also nicht viel. Geben Sie den Reis in einen Topf mit einem schweren Deckel. Wichtig ist, den Reis nach kurzem Aufkochen nur auf kleinster Stufe köcheln zu lassen, da er sonst anbrennt. Kochen Sie den Reis 2-4 Stunden. Je länger er kocht, desto stärkender wirkt er. Wenn Sie das Gericht zum Frühstück essen möchten, können Sie den Reis auch kurz vor dem Zubettgehen aufsetzen. Sicherheitshalber sollten Sie vorher einmal unter Beobachtung für eine ähnlich lange Zeit das Verhalten Ihres Topfes und Herdes prüfen, damit nichts anbrennt.

3.16 Hafer-Congee

Stärkt Abwehrkraft, unterstützt Wehen.
Anzahl Portionen: 3
Kalorien p. Portion   162
Gramm p. Portion   275
Kochdauer ca.   2-4 Stunden
Allergene: A
(Kohlehydrat:73,58% / Eiweiß & Fett:26,42%)
100g.≈ Eiweiß 7,04g. Fett:2,88g.
µg. - Ph:17,27 Na:0,69 Ka:17,93 Mg:6,8 Ca:5,45 Fe:0,3 Zn:0,09 Col.:0 Hsr.:7,53

Zutaten:
Hafer 1 Tasse / 125g. (ja)
Wasser 6 Tassen / 700g. (ja)

Kochanleitung:

Hafer und Wasser in einem Verhältnis von etwa 1:6 kochen. Die Menge des Wassers bestimmt die Dicke des Breis (reine Geschmackssache). Der Hafer quillt auf, nehmen Sie also nicht zu viel. Geben Sie den Hafer in einen Topf mit guter Isolierung und schwerem Deckel. Wichtig ist, den Hafer nach kurzem Aufkochen nur noch auf kleinster Flamme köcheln zu lassen, da er sonst anbrennt. Kochen Sie den Hafer 2-4 Stunden. Je länger er gekocht hat, desto stärkender wirkt er.

3.17 Heidelbeermus

Heidelbeeren wirken abführend, Nelken lösen Stagnation, Zimtpulver erwärmt Magen und Milz. Baut Blut auf, fördert Durchblutung und Leitbahnfluss.

Anzahl Portionen: 1
Kalorien p. Portion 11
Gramm p. Portion   271,1
Kochdauer ca.   10 Min.
(Kohlehydrat:78,35% / Eiweiß & Fett:21,65%)
100g.≈ Eiweiß 0,2g. Fett:0,32g.
µg. - Ph:0,98 Na:1,01 Ka:5,56 Mg:1,09 Ca:6 Fe:0,06 Zn:0,1 Col.:0 Hsr.:1,48

Zutaten:

Heidelbeere 20 g. / 20g. (empfehlenswert)
Zimtpulver 1 Prise / 0,1g. (empfehlenswert)
Nelke 1 Stück / 1g. (empfehlenswert)
Wasser 1/4 Liter / 250g. (ja)

Kochanleitung:

Heidelbeeren mit Zimt und Nelke im Wasser 10 Min. kochen. Zimt und Nelke entfernen, pürieren und nach Wunsch süßen.

3.18 Karotten- Reisschleimsuppe

Gegen Durchfall, bei Fieber, bakterizid, stärkt Immunsystem, senkt Blutdruck.

Anzahl Portionen: 1
Kalorien p. Portion 101
Gramm p. Portion   224
Kochdauer ca.   10 Min.
(Kohlehydrat:96% / Eiweiß & Fett:4%)
100g.≈ Eiweiß 2,37g. Fett:0,4g.
µg. - Ph:27,48 Na:20,34 Ka:65,63 Mg:170,89 Ca:178,57 Fe:1,03 Zn:0,34 Col.:0 Hsr.:12,3

Zutaten:
Grundrezept für eine Reissuppe 1 Tasse / 120g. (empfehlenswert)
Karotte (Mohrrübe, Möhre) 2 Stück / 100g. (empfehlenswert)
Salz 1 TL / 4g. (wenig)

Kochanleitung:
Karotten schälen und reiben. Die Reissuppe aufkochen und die
geriebenen Karotten sowie Salz zufügen. 10 Min. kochen.

3.19 Kompott aus Äpfeln

Apfel (süß) stoppt Durchfall, fördert Verdauung, regt Appetit an,
harmonisiert Magen, erwärmt Magen und Milz, fördert Durchblutung.
Anzahl Portionen: 2
Kalorien p. Portion 67
Gramm p. Portion   220,5
Kochdauer ca.   10 Min.
(Kohlehydrat:95,64% / Eiweiß & Fett:4,36%)
100g.≈ Eiweiß 0,24g. Fett:0,46g.
µg. - Ph:2,81 Na:1,03 Ka:36,45 Mg:1,81 Ca:4,33 Fe:0,13 Zn:0,03 Col.:0 Hsr.:3,74

Zutaten:
Apfel (süß) 1 Stück / 220g. (ja)
Wasser 2 Tassen / 220g. (ja)
Zimtpulver 1 Prise / 1g. (empfehlenswert)

Kochanleitung:
Bio-Apfel mit Schalen und Kernen klein geschnitten im Wasser weich
kochen und mit Zimt bestreuen.

3.20 Kompott aus Rhabarber

Fiebersenkend, schmerzlindernd, entgiftend, bakterizid.
Anzahl Portionen: 1
Kalorien p. Portion 48
Gramm p. Portion   230
Kochdauer ca.   15 Min.
(Kohlehydrat:92,32% / Eiweiß & Fett:7,68%)
100g.≈ Eiweiß 0,64g. Fett:0,1g.
µg. - Ph:11,22 Na:1,7 Ka:119,43 Mg:6,43 Ca:25,43 Fe:0,28 Zn:0,15 Col.:0 Hsr.:2,61

Zutaten:
Rhabarber 100 g. / 100g. (empfehlenswert)
Wasser 1 Tasse / 120g. (ja)
Honig 1 EL / 10g. (empfehlenswert)

Kochanleitung:
Rhabarber waschen und klein schneiden. Im Wasser weich kochen, ein wenig abkühlen lassen und den Honig dazugeben.

3.21 Kürbis-Joghurt-Suppe

Befeuchtet, entspannt, senkt Blutdruck, stärkt Immunsystem, fördert Gewichtsabnahme. Gut bei Abwehrschwäche, Appetitlosigkeit, Blähungen, Depressionen, Diabetes, Durchfall.

Anzahl Portionen: 4
Kalorien p. Portion 68
Gramm p. Portion   239
Kochdauer ca.   15 Min.
Allergene: GL
(Kohlehydrat:82,83% / Eiweiß & Fett:17,17%)
100g.≈ Eiweiß 2,37g. Fett:1,31g.
µg. - Ph:7,17 Na:3,58 Ka:26,41 Mg:11,21 Ca:43,83 Fe:0,07 Zn:0,01 Col.:0,05 Hsr.:1,4

Zutaten:
Grundrezept für eine Gemüsebrühe 300 ml. / 300g. (empfehlenswert)
Hokkaidokürbis 500 g. / 500g. (empfehlenswert)
Ingwer frisch 1/2 TL / 2g. (empfehlenswert)
Fenchelsamen gemahlen 1/2 TL / 1g. (empfehlenswert)
Anis (gemeiner Fenchel) 1/4 TL / 1g. (empfehlenswert)
Joghurt (natur, 1,5 % Fett) 150 g. / 150g. (empfehlenswert)
Pfefferminze 2 Blätter / 1g. (weniger als angegeben)
Salz 1 Prise / 1g. (wenig)

Kochanleitung:
Gemüsebrühe (nach Grundrezept) zum Kochen bringen. Gewürfelten Kürbis, kleingehackten Ingwer, zerstoßene Fenchelsamen und Anis dazugeben und Suppe zugedeckt ca. 12 Min. köcheln lassen, bis der Kürbis weich ist und dann vom Herd nehmen. Mit dem Mixstab die Suppe mit dem Joghurt fein pürieren und mit feingehackter Minze bestreut servieren.

3.22 Mango-Bananen-Joghurt-Drink eiskalt

Harntreibend, stärkt Magen, beugt Krebs vor, reguliert Magen-Darm-Funktion. Gut bei Appetitlosigkeit, chronischer Verstopfung.
Anzahl Portionen: 2
Kalorien p. Portion   121
Gramm p. Portion   226
Kochdauer ca.   5 Min.
Allergene: G
(Kohlehydrat:86,93% / Eiweiß & Fett:13,07%)
100g.≈ Eiweiß 2,73g. Fett:1,05g.
µg. - Ph:15,94 Na:7,47 Ka:102,09 Mg:10,74 Ca:22,08 Fe:0,14 Zn:0,04 Col.:0,28 Hsr.:5,73

Zutaten:
Mangosaft 100 ml. / 100g. (ja)
Joghurt (natur, 1,5 % Fett) 100 g. / 100g. (empfehlenswert)
Mineralwasser 100 ml. / 100g. (wenig)
Banane 1/2 Stück / 150g. (ja)
Acerola Fruchtnektar oder Pulver 1 TL / 2g. (ja)

Kochanleitung:
Alle Zutaten und 2-3 Eiswürfel im Mixer fein pürieren.

3.23 Nudel-Auflauf mit Quark und Pfirsichen

Lindert Müdigkeit, stärkt die Abwehr, beruhigt Nerven und Magen. Gut bei Aufstoßen, akuter oder chronischer Verstopfung, Sodbrennen.
Anzahl Portionen: 4
Kalorien p. Portion   442
Gramm p. Portion   293,5
Kochdauer ca.   1 Stunde
Allergene: ACGO
(Kohlehydrat:65,89% / Eiweiß & Fett:34,11%)
100g.≈ Eiweiß 17,56g. Fett:19,07g.
µg. - Ph:26,04 Na:6,66 Ka:36,6 Mg:4,79 Ca:10,1 Fe:0,19 Zn:0,04 Col.:3,85 Hsr.:9,81

Zutaten:
Pfirsich 500 g. / 500g. (ja)
Nudeln (Weizen, Bandnudeln) mit Ei 200 g / 200g. (ja)
Huhn Ei 2 Stück / 120g. (wenig)
Zucker (Staubzucker) 40 g. / 40g. (ja)
Vanillezucker natur 3 Paket / 3g. (ja)
Zitrone Schale 1/2 Stück / 2g. (weniger als angegeben)
Zimtpulver 1/4 TL / 1g. (empfehlenswert)
Topfen (Quark) 20% 250 g. / 250g. (empfehlenswert)
Butter Bio 2 TL / 8g. (wenig)
Erdbeermarmelade 4 EL / 50g. (ja)

Kochanleitung:
Ofen auf 180 Grad vorheizen. Pfirsiche kurz in kocher des Wasser
legen, abtropfen lassen und die Haut abziehen. Pfirsiche in kleine
Spalten schneiden. Nudeln in reichlich Salzwasser bissfest kochen,
abgießen, kalt abschrecken und abtropfen lassen. Eier trennen. Eigelb
mit Puderzucker, Vanillezucker, abgeriebener Zitronenschale und Zimt
mit dem Schneebesen schaumig rühren. Quark einrühren und die
Nudeln untermischen. Eiweiß zu festem Schnee schlagen und
vorsichtig unter die Nudelmasse heben. Eine Auflaufform dünn mit
Butter ausstreichen. Abwechselnd Quark-Nudelmasse und
Pfirsichspalten in die Form schichten und mit der Nudelmasse
abschließen. Den Auflauf mit Butterflöckchen bestreuen und im
vorgeheizten Ofen 30 Min. backen. Portionsweise mit einem Esslöffel
Marmelade anrichten.

3.24 Obstsaftgetränk

Stoppt Durchfall, fördert Verdauung, appetitanregend, harmonisiert
Magen, lindert Schmerzen, entgiftet, bakterizid, senkt Blutdruck, stärkt
Immunsystem, beugt Krebs vor, reduziert Strahlenverletzungen.
Anzahl Portionen: 2
Kalorien p. Portion   175
Gramm p. Portion   305
Kochdauer ca.   10 Min.
(Kohlehydrat:93% / Eiweiß & Fett:7%)
100g.≈ Eiweiß 1,89g. Fett:0,9g.
µg. - Ph:4,99 Na:2,24 Ka:37,45 Mg:2,36 Ca:6,04 Fe:0,21 Zn:0,05 Col.:0 Hsr.:4,3

Zutaten:
Orange 2 Stück / 150g. (ja)
Apfel (süß) 4 Stück / 300g. (ja)
Karotte (Mohrrübe, Möhre) 2 Stück / 150g. (empfehlenswert)
Honig 1 EL / 10g. (empfehlenswert)

Kochanleitung:
Orangen und Karotten schälen, alle Zutaten würfelig schneiden, damit
sie in die Saftpresse passen und entsaften, mit Honig süßen.

3.25 Polenta mit Pfirsich

Lindert Müdigkeit, stärkt Magen, harntreibend, stärkt die Abwehr, gegen Pilzinfektionen, lässt Gallensaft fließen, beugt Alterungsprozessen vor, stärkt Gehirnzellen.

Anzahl Portionen: 3
Kalorien p. Portion 197
Gramm p. Portion 254,03
Kochdauer ca. 20 min
(Kohlehydrat:89,44% / Eiweiß & Fett:10,56%)
100g.≈ Eiweiß 4,48g. Fett:0,6g.
µg. - Ph:8,27 Na:0,36 Ka:35,48 Mg:2,78 Ca:3,07 Fe:0,14 Zn:0,02 Col.:0 Hsr.:4,67

Zutaten:

Wasser 2 Tassen / 240g. (ja)
Mais Gries (Polenta) 1 Tasse / 120g. (ja)
Pfirsich 2-3 Stück / 400g. (ja)
Vanilleschote 1 Prise / 1g. (ja)
Chili (Schote oder gemahlen) 1 Prise / 0,1g. (weniger als angegeben)
Zimtpulver 1 Prise / 1g. (empfehlenswert)

Kochanleitung:

Die Polenta in einen Topf mit heißem Wasser unter ständigem Rühren einrieseln lassen, bis die gewünschte Konsistenz erreicht ist. Vom Herd nehmen und ca. 10 Min. ausquellen lassen. Frische Pfirsiche waschen, vierteln und in die fertige Polenta hineinschneiden. Vanille und nach Geschmack Chili unterrühren und 3 Min. ziehen lassen. Wintervariante: eingelegtes Obst, Birne, Apfel

3.26 Preiselbeer-Joghurt-Mix

Gut bei akuter oder chronischer Verstopfung, Mundschleimhautentzündung, Durchfall, Blähungen, Reizdarm.

Anzahl Portionen: 2
Kalorien p. Portion 57
Gramm p. Portion 197,5
Kochdauer ca. 5 Min.
Allergene: GO
(Kohlehydrat:75,06% / Eiweiß & Fett:24,94%)
100g.≈ Eiweiß 2,13g. Fett:1,02g.
µg. - Ph:14,34 Na:11,73 Ka:26,32 Mg:5,43 Ca:33,22 Fe:0,03 Zn:0,03 Col.:0,4 Hsr.:0,41

Zutaten:

Joghurt (natur, 1,5 % Fett) 125 g. / 125g. (empfehlenswert)
Preiselbeermarmelade 2 EL / 20g. (ja)
Mineralwasser 250 ml. / 250g. (wenig)

Kochanleitung:
Joghurt, Preiselbeer-Marmelade und Mineralwasser mit dem
Standmixer schaumig rühren.

3.27 Reis mit Pastinake

Vitaminreich, Mineralstoffe Kalium und Zink. Bei
Durchblutungsstörungen, Thrombose, Emboliegefahr, Bluthochdruck,
Kopfschmerzen, Herzinfarkt, Schlaganfall, Hefepilzinfektionen.
Anzahl Portionen: 3
Kalorien p. Portion 206
Gramm p. Portion   261,33
Kochdauer ca.   45 Min.
(Kohlehydrat:78,37% / Eiweiß & Fett:21,63%)
100g.≈ Eiweiß 5,17g. Fett:4,53g.
µg. - Ph:20,16 Na:2,09 Ka:94,99 Mg:7,61 Ca:10,6 Fe:0,15 Zn:0,07 Col.:0 Hsr.:12,18

Zutaten:
Reis Sorte beliebig 1 Tasse / 120g. (ja)
Wasser 2 Tassen / 200g. (ja)
Salz 1 Prise / 1g. (wenig)
Pastinake 3-4 Stück / 450g. (empfehlenswert)
Olivenöl 1 EL / 10g. (wenig)
Salbei 1 TL / 3g. (empfehlenswert)

Kochanleitung:
Pastinake schälen und in Scheiben schneiden. Kurz in Öl anbraten.
Reis hinzugeben und kurz mitbraten. Mit Wasser übergießen und
mindestens 30 Min. lang kochen lassen. Mit etwas frischem gehacktem
Salbei bestreuen.

3.28 Reis-Congee mit Karotten und Fenchel

Stärkt und wärmt Magen, lindert Verstopfung, regt Nerven an, entgiftet,
lindert Entzündungen, verbessert Durchblutung, senkt Blutdruck,
bakterizid, stärkt Immunsystem, beugt Krebs vor, reduziert
Strahlenverletzungen.
Anzahl Portionen: 3
Kalorien p. Portion 132
Gramm p. Portion   284,67
Kochdauer ca.   2 Stunden
Allergene: G
(Kohlehydrat:94,12% / Eiweiß & Fett:5,88%)
100g.≈ Eiweiß 4,18g. Fett:1,37g.
µg. - Ph:9,78 Na:9,7 Ka:55,1 Mg:64,86 Ca:68,94 Fe:0,4 Zn:0,03 Col.:0,09 Hsr.:3,77

Zutaten:
Grundrezept für eine Reissuppe 1/2 Liter / 500g. (empfehlenswert)
Karotte (Mohrrübe, Möhre) 2 Stück / 100g. (empfehlenswert)
Fenchel 1 Stück / 250g. (empfehlenswert)
Butter Bio 1 TL / 3g. (wenig)
Kardamom 1/2 TL / 1g. (empfehlenswert)

Kochanleitung:
Reis-Congee nach Grundrezept kochen. Karotten und Fenchel putzen
und klein schneiden. Hinweis: Wenn Karotten und Fenchel von Anfang
an mitgekocht werden, dienen sie der Bekömmlichkeit. Werden sie kurz
vor Ende der Kochzeit zugegeben, bleiben Geschmack und Vitamine
erhalten. Vor dem Servieren mit Butter und Kardamom verfeinern.

3.29 Rhabarber-Apfel-Grütze

Liefert Antioxidantien und viel Vitamin C. Führt ab, kühlt Hitze, lindert
Schmerzen, entgiftet, bakterizid, erwärmt Magen und Milz, fördert
Durchblutung.
Anzahl Portionen: 2
Kalorien p. Portion   180
Gramm p. Portion   276,5
Kochdauer ca.   15 Min.
(Kohlehydrat:95,59% / Eiweiß & Fett:4,41%)
100g.≈ Eiweiß 1,2g. Fett:0,58g.
µg. - Ph:14,75 Na:1,5 Ka:93,5 Mg:7,43 Ca:12,73 Fe:0,29 Zn:0,07 Col.:0 Hsr.:6,21

Zutaten:
Rhabarber 200 g / 200g. (empfehlenswert)
Apfelsaft (Naturtrüb) 300 ml. / 300g. (ja)
Maisstärke 30 g. / 30g. (ja)
Honig 20 g. / 20g. (empfehlenswert)
Vanillezucker natur 1 Prise / 0,5g. (ja)
Zimtpulver 1 Prise / 0,5g. (empfehlenswert)
Pfefferminze 2 Blätter / 2g. (weniger als angegeben)

Kochanleitung:
Die Maisstärke mit ½ Tasse Apfelsaft glattrühren. Den Rhabarber mit
einer Tasse Wasser 10 Min. dünsten, den restlichen Apfelsaft zufügen,
mit der angerührten Stärke abbinden und nochmals aufkochen. Mit dem
Honig süßen und mit Vanille und Zimt würzen. Die Grütze auf
Dessertschälchen verteilen und mit Minze garnieren.

3.30 Rosmarinkartoffeln

Kartoffel stärkt die Milz, lindert Entzündungen, verbessert die
Verdauung, ist harntreibend, senkt Cholesterinspiegel. Rosmarin fördert
Verdauung, stärkt Lunge, Milz und Nieren.

Anzahl Portionen: 2
Kalorien p. Portion 189
Gramm p. Portion   216,5
Kochdauer ca.   30 Min.
(Kohlehydrat:76,49% / Eiweiß & Fett:23,51%)
100g.≈ Eiweiß 4,21g. Fett:5,25g.
µg. - Ph:23,02 Na:1,45 Ka:165,76 Mg:9,44 Ca:3,73 Fe:0,2 Zn:0,07 Col.:0,01 Hsr.:7,27

Zutaten:

Kartoffel 6-8 Stück / 420g. (empfehlenswert)
Salz Kräutersalz 1 Prise / 1g. (wenig)
Olivenöl 1 EL / 10g. (wenig)
Rosmarin 1 TL / 2g. (ja)

Kochanleitung:

Kartoffeln der Länge nach halbieren, mit etwas Olivenöl bestreichen,
salzen, 2-3 Rosmarinnadeln auf jede halbe Kartoffel streuen, auf
Backblech setzen und im vorgeheizten Backofen ca. 25 Min. bei 190
Grad backen.

3.31 Schwarzwurzel mit Joghurt

Schwarzwurzeln regen Nieren, Blase und damit die Reinigung des
Körpers an. Sie stimulieren im physiologischen Sinne allgemein die
Drüsen im Organismus. Gut bei akuter oder chronischer Verstopfung
des Darmes. Liefern Vitamine und Spurenelemente.

Anzahl Portionen: 2
Kalorien p. Portion 319
Gramm p. Portion   304,5
Kochdauer ca.   20 min
Allergene: AG
(Kohlehydrat:76,55% / Eiweiß & Fett:23,45%)
100g.≈ Eiweiß 7,98g. Fett:2,08g.
µg. - Ph:45,41 Na:46,46 Ka:135,9 Mg:13,05 Ca:30,12 Fe:1,28 Zn:0,12 Col.:0,16
Hsr.:28,83

Zutaten:

Schwarzwurzel 1/2 Kg. / 400g. (empfehlenswert)
Joghurt (natur, 1,5 % Fett) 4 EL / 80g. (empfehlenswert)
Kräuter verschiedene 1 EL / 8g. (ja)
Salz 1 Prise / 1g. (wenig)
Mehrkornbrot (Graubrot) 6 Scheiben / 120g. (wenig)

Kochanleitung:

Schwarzwurzel schälen und in Salzwasser kochen, bis sie weich sind.
Das Wasser wegschütten, Schwarzwurzel auskühlen lassen und klein
schneiden. Mit Joghurt übergießen und mit frischen Kräutern bestreuen.
Mit dem Mehrkornbrot servieren.

3.32 Spargelcremesuppe

Harntreibend, fördert Durchblutung, produziert Körpersäfte, beugt Krebs
vor, führt ab, antiparasitär, regt Leberfunktion an. Gut bei
Appetitlosigkeit, Blähungen, Rheuma, Sodbrennen.

Anzahl Portionen: 2
Kalorien p. Portion   240
Gramm p. Portion   409,5
Kochdauer ca.   45 Min.
Allergene: ACG
(Kohlehydrat:21% / Eiweiß & Fett:79%)
100g.≈ Eiweiß 5,2g. Fett:19,85g.
µg. - Ph:9,44 Na:1,5 Ka:15,8 Mg:1,6 Ca:6,23 Fe:0,13 Zn:0,08 Col.:9,84 Hsr.:2,42

Zutaten:

Spargel (grün oder weiß) 200 g / 200g. (empfehlenswert)
Wasser 1/2 Liter / 500g. (ja)
Rapsöl 3 EL / 30g. (wenig)
Weizen Mehl 2 EL / 10g. (ja)
Huhn Eigelb 1 Stück / 25g. (wenig)
Kuhmilch (Vollmilch 3,5 % Fett) 1 EL / 15g. (ja)
Sauerrahm 15% Fett 1 EL / 15g. (wenig)
Pfeffer gemahlen 1 Prise / 0,5g. ()
Muskatnuss 1 Prise / 0,5g. (empfehlenswert)
Zitrone Saft 1 TL / 2g. (weniger als angegeben)
Petersilie 2 EL / 20g. (empfehlenswert)
Salz 1 Prise / 1g. (wenig)

Kochanleitung:

Den Spargel waschen und schälen. Wasser, etwas Zitronensaft und
eine Prise Salz zum Kochen bringen. Die Spargelstangen
zusammenbinden. Spargelschalen ins Kochwasser geben und
aufkochen lassen. Den Spargel in die kochende Flüssigkeit geben und
auf kleiner Hitze ca. 20 Min. garen lassen. Danach die Spargelbündel
herausnehmen und den Sud durch ein Sieb gießen. Für die Einbrenne
das Öl in einem Topf erhitzen, das Mehl zugeben und farblos
anschwitzen. Mit dem Spargelsud langsam auffüllen und 10 Min.
köcheln lassen. Die Spargelstangen in ca. 3 cm lange Stücke

schneiden und unter die abgebundene Suppe geben. Kurz vor dem
Servieren die Suppe nochmals aufkochen lassen. Das Eigelb mit Milch
und Sauerrahm verrühren. Den Topf vom Herd nehmen und danach
das Eigelb-Milch-Gemisch unterrühren. Mit Pfeffer und Muskat
abschmecken, mit der gehackten Petersilie dekorieren und sofort
servieren.

3.33 Tee aus Grüntee

Fördert Verdauung, harntreibend, löst Schleim, entgiftet, regt Nerven
an, reduziert Blutfett, senkt Cholesterinspiegel, lindert Entzündungen.
Anzahl Portionen: 1
Kalorien p. Portion 3
Gramm p. Portion   122
Kochdauer ca.   10 Min.
(Kohlehydrat:20% / Eiweiß & Fett:80%)
100g.≈ Eiweiß 0,01g. Fett:0g.
µg. - Ph:5,61 Na:1,07 Ka:27,59 Mg:4,07 Ca:9,43 Fe:0,04 Zn:0,1 Col.:0 Hsr.:0

Zutaten:
Grüner Tee 1 TL / 2g. (empfehlenswert)
Wasser 1 Tasse / 120g. (ja)

Kochanleitung:
Pro Tasse verwendet man einen Teelöffel voll oder einen Teebeutel.
Grüntee nur mit 60-80 Grad heißem Wasser aufbrühen, da er sonst
bitter wird. Soll der Tee eine anregende Wirkung haben, lässt man ihn
2-3 Min. ziehen. Eher beruhigend wirkt er bei einer Ziehdauer von 5
Min. (nicht länger, sonst wird er bitter!). Eine andere Methode: Man
übergießt die Teeblätter mit ca. 70 Grad heißem Wasser und gießt es
sofort wieder ab. Dann einfach noch mal heißes Wasser nachgießen.
Die Bitterstoffe verschwinden und der Tee bekommt ein milderes
Aroma.

3.34 Tee aus Hijiki-Algen

Wirkt antibakteriell und blutreinigend. Reich an Mineralstoffen mit hoher
Kalziumkonzentration.
Anzahl Portionen: 4
Kalorien p. Portion 1
Gramm p. Portion   125,5
Kochdauer ca.   10 min.
(Kohlehydrat:82,53% / Eiweiß & Fett:17,47%)
100g.≈ Eiweiß 0,05g. Fett:0,01g.
µg. - Ph:0,25 Na:1,22 Ka:0,31 Mg:0,1 Ca:0,07 Fe:0 Zn:0 Col.:0 Hsr.:0,06

Zutaten:
Hijiki 2 TL / 2g. (ja)
Wasser heiss 1/2 Liter / 500g. (ja)

Kochanleitung:
Hijiki-Algen in heißem Wasser ca. 10 Min. köcheln lassen. Danach Sud
trinken.

3.35 Tee aus Ingwer mit Honig

Honig lindert Schmerzen, entgiftet, ist bakterizid. Frischer Ingwer fördert
Verdauung, entgiftet, stärkt Säfteproduktion, treibt Schweiß, reduziert
Blutfett, regt an, löst Stagnation.
Anzahl Portionen: 4
Kalorien p. Portion 5
Gramm p. Portion   127,25
Kochdauer ca.   30 Min.
(Kohlehydrat:98,08% / Eiweiß & Fett:1,92%)
100g.≈ Eiweiß 0,02g. Fett:0,01g.
µg. - Ph:0,1 Na:0,29 Ka:0,7 Mg:0,33 Ca:1,27 Fe:0,01 Zn:0,01 Col.:0 Hsr.:0

Zutaten:
Ingwer frisch 1 TL / 3g. (empfehlenswert)
Wasser 1/2 Liter / 500g. (ja)
Honig 2 TL / 6g. (empfehlenswert)

Kochanleitung:
Wasser zum Kochen bringen und beiseite stellen. Ingwer zugeben und
20-30 Min. ziehen lassen. Nach Geschmack mit Honig süßen.

3.36 Tee aus Schwarztee (Russischer Tee)

Schwarztee fördert Durchblutung.
Anzahl Portionen: 1
Kalorien p. Portion 8
Gramm p. Portion   125
Kochdauer ca.   10 Min.
(Kohlehydrat:2,52% / Eiweiß & Fett:97,48%)
100g.≈ Eiweiß 1,28g. Fett:0,26g.
µg. - Ph:11,92 Na:1,2 Ka:72,32 Mg:7,96 Ca:16,52 Fe:0,08 Zn:0,11 Col.:0 Hsr.:13,12

Zutaten:
Schwarztee 1 EL / 5g. (ja)
Wasser 1 Tasse / 120g. (ja)

Pro Tasse verwendet man einen Teelöffel voll oder einen Teebeutel.
Den Tee nur mit 60 bis 80 Grad heißem Wasser übergießen, da er
sonst bitter wird. Soll der Tee eine anregende Wirkung haben, lässt
man ihn 2 bis 3 Min. ziehen. Eher beruhigend wirkt er bei einer
Ziehdauer von 5 Min. (nicht länger, sonst wird er bitter!). Eine andere
Methode: Man übergießt die Teeblätter mit ca. 70 Grad heißem Wasser
und gießt das Wasser sofort wieder ab. Dann einfach noch mal heißes
Wasser nachgießen. Die Bitterstoffe verschwinden und der Tee
bekommt ein milderes Aroma.

3.37 Tee aus Wacholderbeeren

Fördert Verdauung und Durchblutung, keimtötend, harntreibend,
entwässernd, trocknet aus. Gut bei Appetitlosigkeit, Durchfall, Magen-
Darmbeschwerden, Muskelrheuma, Nierenbeckenentzündung,
Nierengrieß, Sodbrennen, Wassersucht.
Anzahl Portionen: 1
Kalorien p. Portion 11
Gramm p. Portion   128
Kochdauer ca.   10 Min.
(Kohlehydrat:52,24% / Eiweiß & Fett:47,76%)
100g.≈ Eiweiß 0,55g. Fett:0,44g.
µg. - Ph:11,84 Na:1,4 Ka:30,07 Mg:6,65 Ca:28,72 Fe:0,05 Zn:0,11 Col.:0 Hsr.:0

Zutaten:

Wacholderbeere 1 TL / 3g. (empfehlenswert)
Wasser 1 Tasse / 125g. (ja)

Kochanleitung:

Pro Tasse 1 TL getrocknete Wacholderbeeren kalt ansetzen, kurz
aufkochen und 15 Min. ziehen lassen, dann abseihen.
Dieser Tee wird ungesüßt und schluckweise langsam getrunken. Die
Menge reicht für einen Tag.

3.38 Teemischung gegen allgemeine Erschöpfung

Gegen allgemeine Erschöpfung, antibakteriell, aufmunternd. Gut bei
Appetitlosigkeit, Blähungen und Sodbrennen.
Anzahl Portionen: 4
Kalorien p. Portion 2
Gramm p. Portion   127
Kochdauer ca.   10 Min.
(Kohlehydrat:55% / Eiweiß & Fett:45%)
100g.≈ Eiweiß 0,17g. Fett:0,04g.
µg. - Ph:0,11 Na:0,11 Ka:0,93 Mg:0,13 Ca:0,63 Fe:0 Zn:0,01 Col.:0 Hsr.:0

Zutaten:
Zitronenmelisse (getrocknet) 2 TL / 3g. (ja)
Brombeerblätter 2 TL / 3g. (ja)
Lavendelblüten 1 TL / 2g. (ja)
Wasser 2 Tassen / 500g. (ja)

Kochanleitung:
2 g Melisse, 2 g Brombeerblätter, 1,5 g Lavendelblüten. Ein TL der Kräutermischung mit einer Tasse kochendem Wasser übergießen, 10 Min. zugedeckt ziehen lassen und absieben. Dreimal täglich eine Tasse trinken.

3.39 Überbackenes Chicoréegemüse

Liefert Mineralien und Vitamine (A,B,C), befeuchtet Darm.
Anzahl Portionen: 2
Kalorien p. Portion 231
Gramm p. Portion   460,5
Kochdauer ca.   20 Min.
Allergene: AG
(Kohlehydrat:74,2% / Eiweiß & Fett:25,8%)
100g.≈ Eiweiß 6,05g. Fett:7,04g.
µg. - Ph:20,06 Na:8,39 Ka:61,13 Mg:9,33 Ca:10,83 Fe:0,3 Zn:0,07 Col.:0 Hsr.:8,96

Zutaten:
Chicorée 4 Stück / 500g. (ja)
Sahne, süß 30% 2 EL / 40g. (weniger als angegeben)
Brösel (Weizenbrot, Semmel) 2 EL / 20g. (ja)
Reis Basmatireis 1/2 Tasse / 60g. (ja)
Wasser 3 Tassen / 300g. (ja)
Salz 1 Prise / 1g. (wenig)

Kochanleitung:
Den ganzen Chicorée ca. 5 Min. blanchieren, in eine Auflaufform geben, etwas süße Sahne und Semmelbrösel darauf verteilen und überbacken. Den Reis in gesalzenem Wasser aufkochen lassen und auf niedriger Stufe ca. 15 Min. quellen lassen.

3.40 Vitamindrink

Reguliert Magen-Darm-Funktion, stärkt Milz und Leber, senkt Blutdruck,
bakterizid, stärkt Immunsystem, beugt Krebs vor.
Anzahl Portionen: 3
Kalorien p. Portion 172
Gramm p. Portion   273,33
Kochdauer ca.   5 Min.
(Kohlehydrat:91,86% / Eiweiß & Fett:8,14%)
100g.≈ Eiweiß 2,79g. Fett:0,57g.
µg. - Ph:9,44 Na:2,63 Ka:80,69 Mg:7,39 Ca:10,07 Fe:0,28 Zn:0,03 Col.:0 Hsr.:6,17

Zutaten:

Orangensaft 300 ml. / 300g. (ja)
Karotte (Mohrrübe, Möhre) 200 g. / 200g. (empfehlenswert)
Banane 2 Stück / 300g. (ja)
Kiwi 1 Stück / 20g. (ja)

Kochanleitung:

Orangen, Karotten, Bananen und die Kiwi grob zerkleinern und mit dem
Mixstab fein pürieren.

3.41 Zucchini-Grieß-Cremesuppe

Gut bei Appetitlosigkeit, Schluckstörungen, Blähungen,
Darmentzündung, Rheuma, Sodbrennen. Senkt Blutdruck, fördert
Gewichtsabnahme.
Anzahl Portionen: 4
Kalorien p. Portion 146
Gramm p. Portion   341,75
Kochdauer ca.   25 Min.
Allergene: AGL
(Kohlehydrat:78% / Eiweiß & Fett:22%)
100g.≈ Eiweiß 4,02g. Fett:7,8g.
µg. - Ph:1,7 Na:0,83 Ka:9,09 Mg:4,88 Ca:18,35 Fe:0,08 Zn:0,02 Col.:0,22 Hsr.:0,82

Zutaten:

Butter Bio 20 g. / 20g. (wenig)
Weizen Gries 2 EL / 20g. (ja)
Petersilie 1 Bund / 100g. (empfehlenswert)
Grundrezept für eine Gemüsebrühe 800 ml. / 800g. (empfehlenswert)
Liebstöckel 1/2 TL / 2g. (empfehlenswert)
Muskatnuss 1 Prise / 0,5g. (empfehlenswert)
Anis (gemeiner Fenchel) 1 Prise / 0,5g. (empfehlenswert)
Zucchini 400 g. / 400g. (empfehlenswert)
Ingwer frisch 1/2 TL / 1g. (empfehlenswert)
Creme fraîche 2 EL / 20g. (weniger als angegeben)

Zitrone Schale 1/4 Stück / 2g. (weniger als angegeben)
Salz 1 Prise / 1g. (wenig)
Pfeffer gemahlen 1 Prise / 0,5g. ()

Kochanleitung:
Butter in einem Topf schmelzen, Grieß hinzufügen und unter Rühren
kurz anrösten. Die Hälfte der gehackten Petersilie dazugeben, kurz
andünsten, mit Gemüsebrühe (nach Grundrezept) aufgießen, mit
gehacktem Liebstöckel, Muskat und Anis würzen. Suppe ohne Deckel
10 Min. leicht kochen, kleingeschnittene Zucchini und ein kleines Stück
Zitronenschale dazugeben und weitere 5 Min. köcheln lassen, bis die
Zucchini weich sind. Zitronenschale entfernen und mit dem Mixstab
zusammen mit der Crème fraîche und der restlichen Petersilie fein
pürieren.

4 Wirkung der Lebensmittel

4.1 Zutaten verwenden: empfehlenswert

Anis (gemeiner Fenchel)	Guave
Apfelmus	Hagebutte
Artischocke	Hagebuttentee
Aubergine	Hase
Barsch	Hase, wild
Basilikum	Heidelbeere
Basilikum (frisch)	Heidelbeere getrocknet
Borretsch	Himbeere
Brombeere	Hirsch Fleisch
Brot mit Johannisbrotkernmehl	Hokkaidokürbis
Brötchen (Semmel)	Holunderbeeren
Buchweizen	Holunderblütentee
Bulgur (Getreide)	Honig
Dill	Honigmelone
Dinkel Flocken	Huhn Fleisch
Dinkel Gries	Hüttenkäse
Dorsch	Ingwer frisch
Erdbeere	Joghurt (natur, 1,5 % Fett)
Fasan	Johannisbeere (rot)
Feldsalat	Johannisbeere (schwarz)
Fenchel	Johannisbeere (weiß)
Fenchelsamen gemahlen	Kabeljau
Fencheltee	Kamille
Fischstücke gemischt (Süßwasser)	Kaninchen Fleisch
Flaschenkürbis	Karausche
Fruchtzucker (Fruktose,	Kardamom
Traubenzucker)	Karotte (Frühkarotte)
Gemüsesaft	Karotte (Mohrrübe, Möhre)
Gerste (Perlgerste)	Karottensaft ohne Zucker
Grüner Tee	Kartoffel

Kartoffel (mehlige)
Käsepappeltee
Kohlrübe
Kompott (Früchte der Saison)
Koriander
Kresse
Kuhmilch (1,5 % Fett)
Kümmel
Kümmel gemahlen
Kürbis
Liebstöckel
Löffelbiskuit
Lorbeerblatt
Löwenzahn (junger)
Mangold
Miso schwarz (fermentiert)
Molke
Muskatnuss
Nelke
Nori, Purpurtang, Rotalge
Oregano frisch
Oregano getrocknet
Pastinake
Petersilie
Preiselbeere
Preiselbeersaft
Pute Brustfleisch
Quargel 20%
Radicchio

Reh Fleisch
Reisnudeln
Rhabarber
Rind Filet
Rotbarsch
Rote Rübe
Salbei
Schmelzkäse 12%
Scholle
Schwarzkümmel
Schwarzwurzel
Sellerie Knolle
Sellerie Stangensellerie
Spargel (grün oder weiß)
Speiserüben
Stachelbeere
Süßkartoffel
Topfen (Quark) 20%
Vogelsalat (Pflücksalat)
Wacholderbeere
Wachskürbis
Wachtel
Wakame
Wassermelone
Wildkräuter
Wildschwein Fleisch
Zimtpulver
Zimtstange
Zucchini

4.2 Zutaten verwenden: ja

Acerola Fruchtnektar oder Pulver
Agar-Agar, Agartang
Agavendicksaft
Aloesaft
Amaranth
Amaranth POPS
Ananas
Ananassaft ungezuckert
Andornkraut
Angelikawurzel
Apfel (sauer)
Apfel (süß)
Apfelsaft (Naturtrüb)
Aprikose
Aprikosen Marmelade
Aprikosennektar
Astronautenkost
Backpulver
Baldrian
Bambussprossen
Banane
Banane Kochbanane

Banchatee
Bärlauch (Knoblauchspinat)
Bataviasalat
Beeren der Saison
Beerensaft
Berberitzenrindetee
Birnensaft
Bitter Lemon
Bitterklee
Bitterorangenschale
Blattsalate (bitter)
Blütenpollen
Bocksdornfrüchte (Fructus Lycii) getrocknet
Bockshornklee
Brennnessel
Brokkoli
Brombeerblätter
Brombeere getrocknet (unreife)
Brombeermarmelade
Brösel (Weizenbrot, Semmel)
Buttermilch

Butterschmalz
Calamari
Chicorée
Chrysanthemenblütentee
Couscous
Cranberries
Cumin (Kreuzkümmel)
Dashi
Datteln rot
Dinkel
Dinkel Brot
Dinkel Vollkornmehl
Dornhai (Seeaal, Schillerlocken)
Dulse (Lappentang)
Eisbergsalat
Endiviensalat
Enzianwurzel
Erdbeermarmelade
Erdbeersaftgetränk
Estragon
Feige
Fischsouce
Flunder
Forelle
Früchtetee
Gänseblümchen
Garnele
Gelatine weiss
Gerste
Gerste (Nacktgerste)
Gerstengras Pulver
Gerstengraupen
Gerstengrütze
Gerstenmalz
Gerstenmehl
Getreidekaffee
Gewürznelke
Ginkgofrucht
Ginsengwurzel
Glühweingewürzmischung
Granatapfel
Grünkern
Hafer
Hafer Flocken geröstet
Hafer Mehl
Hafer Milch
Hafer Schrot
Heidelbeermarmelade
Heidelbeersaft
Heilbutt
Hibiskustee
Hijiki
Himbeerblättertee
Himbeere getrocknet (unreife)

Himbeermarmelade
Hirsch Knochen
Hirse
Hirseflocken
Huhn Eiweiß
Hummer
Ingwer Pulver
Jasminblütentee
Joghurt (natur, 3,5 % Fett)
Johannisbeermarmelade (rot)
Johannisbeermarmelade (schwarz)
Johannisbeernektar (schwarz)
Johannisbrotkernmehl
Kaffeeweißer
Kakao
Kaki-Pflaume
Kalmus
Kapern (eingelegt)
Kapuzinerkresse
Karambole/Sternfrucht
Kartoffelmehl
Kaviar
Kefir
Kerbel
Kerbel getrocknet
Kiwi
Klementine
Klettenwurzeltee
Knäckebrot
Kopfsalat
Koriandergrün
Krabbe
Krake
Kräuter bittere
Kräuter der Provence
Kräuter verschiedene
Kräuter Wildkräuter
Kuhmilch (Vollmilch 3,5 % Fett)
Kumquat
Kurkuma (Gelbwurz)
Kuzu
Lamm Fleisch
Lamm Knochen
Lamm Schulter
Languste
Laugengebäck
Lavendelblüten
Leberglättertee
Liebstöckelsamen
Lindenblütentee
Longane
Löwenzahnsaft
Lychee
Magermilchpulver

Mais
Mais (Schnellpolenta)
Mais Gries (Polenta)
Mais Mehl (Maizena)
Maishaartee
Maisstärke
Majoran
Malventee
Malz
Mandarine
Mango
Mangopulver
Mangosaft
Margarine
Margarine (Diät)
Maulbeerfrucht
Meeräsche
Meereskrebs
Melisse
Miesmuscheln
Miso
Mispel
Mittelmeerfisch (Kabeljau, Scholle,
Schellfisch, Seeaal, Makrele)
Moosbeere
Nektarine
Nudeln (Weizen) mit Ei
Nudeln (Weizen, Bandnudeln) mit Ei
Nudeln (Weizen, Lasagneblätter) mit Ei
Nudeln (Weizen, Spagetti) mit Ei
Obstmischung Fruchtsaft
Odermennig
Okra
Orange
Orangenmarmelade
Orangensaft
Papaya
Passionsblumenblütentee
Passionsfrucht (Maracuja)
Petersilienwurzel
Pfeilwurzelmehl
Pferd Fleisch
Pfirsich
Pfirsich (Dose)
Piment
Preiselbeermarmelade
Puddingpulver Vanille
Pute Schinken
Qualle
Quinoa
Quitte
Radieschen
Reis Basmatireis
Reis Duftreis

Reis Gaoliangreis (Sorghum)
Reis Klebreis
Reis Langkornreis
Reis Rundkornreis
Reis Sorte belieb g
Reis Süßer
Reismalz
Reismehl
Reisstärke
Rettichblätter (vom Wochenmarkt)
Rind (Kalb)
Rind Fleisch
Rind Herz (Kalb)
Rind Ochsenschwanzstücke
Rind Suppenfleisch
Roggenmehl
Römersalat/Lattich-Salat
Rosenblättertee
Rosenblütentee
Rosmarin
Rote Grütze (ohne Zucker)
Safran
Sago (Getreide)
Sanddorn
Sauerampfer
Sauerteig
Schaffleisch
Schafgarbe
Schafgarbentee
Schafmilch Joghurt
Schafskäse
Schafsmilch
Schlehdorn
Schnecke
Schwarztee
Schwein Haxe (Eisbein)
Schwein Markknochen
(Röhrenknochen)
Schwein Schinken
Schwein Schinken gekocht
Schwein Schinken geselcht
Senfsamen
Shrimps
Soja Tofu
Sojapaste (Miso)
Sojasauce
Spinat
Spitzwegerichtee
Sternanis
Stevia (Süßkraut)
Stutenmilch
Süßholzwurzeltee
Süßwasserfisch
Süßwasserkrebs

Taube
Teemischung Harnsäuresenkend
Thymian
Thymian getrocknet
Tintenfisch
Tomate
Tomatenmark
Tomatenpüre
Tomatensaft
Tonicwasser
Traubensaft rot
Traubensaft weiß
Tsampa (geröstetes Gerstenmehl)
Umeboshipaste
Vanille
Vanillepulver
Vanilleschote
Vanillezucker natur
Walderdbeeren
Wasser
Wasser heiss
Weißbrot (Weizenbrot)
Weißbrot Baguette
Weißbrot Brösel (Weizenbrot)
Weißbrot Knödelbrot (Weizenbrot)
Weißbrot Salzstangerl
Weißbrot Semmel
Weißdorn
Weißfischchen
Weißwurz
Weizen

Weizen Bulgurweizen
Weizen Fladenbrot
Weizen Flocken
Weizen Gras Pulver
Weizen Gries
Weizen Gries - Kindergries
Weizen Mehl
Weizengrassaft
Wermutkraut
Yamswurzel, Yamswurzelknolle
Yogitee
Ysop
Ziege
Ziegen- und Schafsmilch
Ziegenkäse
Zitronengras
Zitronenmelisse (frisch)
Zitronenmelisse (getrocknet)
Zucker (Staubzucker)
Zucker (weiß, aus Rüben)
Zucker braun
Zucker Fructose Fruchtzucker
Zucker Glukose Traubenzucker
Zucker Kandis weiß
Zucker Melasse
Zucker Milchzucker
Zucker Palmzucker
Zucker Ursüße (Zuckerrohr) süß
Zuckerersatz (Süßstoff)
Zwieback

4.3   Zutaten verwenden: wenig

Ananas (aus der Dose)
Aprikose getrocknet
Austern
Austernpilze
Austernschalenpulver
Avocado
Birne
Blumenkohl (Karfiol)
Buchweizen (geröstet) Kasha
Buchweizen Vollkorn
Butter (halbfett)
Butter Bio
Champignon
Curry
Datteln getrocknet
Edamer
Entenei
Essig (Apfelessig)
Essig (Rotweinessig)
Essig Aceto Balsamico

Essig Aceto Balsamico weiss
Feige getrocknet
Frischkäse
Frischkäse aus Soja
Frischkäse mit Kräuter
Gänseei
Garam Masala Pulver
Gouda
Hammel
Hefe
Huhn Ei
Huhn Eigelb
Kastanien (Maronen)
Kirschenkompott
Kirschsaft
Kohlrabi
Kokosflocken
Kokosmilch
Kokosnussfleisch
Kokosraspeln

Korinthen (rot)
Korinthen (schwarz)
Kräuterteemischung
Kürbiskernöl
Lachs
Leinöl
Lychee (Konserve)
Mais (geröstet)
Maiskeimöl
Maniokmehl
Marillensaft
Mehrkornbrot (Graubrot)
Mineralwasser
Mohn
Mozzarella
Mungbohnensprossen
Müsli
Nudeln (Vollkorn) mit Ei
Olivenöl
Pfeffer Körner
Pfeffer weiss (gemahlen)
Rapsöl
Reis Reisschleim
Reis Roter
Reis Schwarzer
Reis Vollkorn
Reis Wilder (Naturreis)
Rettich (weiß, grün, lila-rot)
Rettich schwarz
Rosinen
Sahne 10% Kaffeesahne
Sahne sauer 10%
Sake
Salz

Salz Kräutersalz
Sauermilch
Sauerrahm 15% Fett
Schimmelkäse
Schwein Fleisch
Senf
Senf Dijon
Senf mittelscharf
Senf süß
Sesam, Schwarzer
Sesam, Weißer
Sesamöl
Sesamöl geröstet
Sojabohnenmilch
Sojamehl
Soja-Nudeln
Sojaöl
Sonnenblumenkerne
Sonnenblumenöl
Taube Ei
Thunfisch
Toastbrot (Vollkorn)
Tomate getrocknet
Trauben rot
Trauben weiß
Traubenkernöl
Vollkornmehl
Wachtel Ei
Walnussöl
Weizen Mehl Vollkorn
Weizen/Roggen Grau- Schwarzbrot mit Hefe
Weizenkeimöl

4.4 Kontraindikativ wirkende Lebensmittel nicht verwenden

Aal
Aal geräuchert
Adzukibohnen
Ahornsirup
Bier (alkoholarm)
Bier (alkoholfrei)
Bier (Altbier)
Bier (Pils)
Bitterlikör
Blätterteig
Bohnen (grün, frisch)
Bohnenkraut
Bohnenöl
Borretschöl
Boxhornkleesamen
Bratöl

Brie
Buschbohnen
Butterbohnen weiße
Camembert
Campari
Cashewnüsse
Chili (Schote oder gemahlen)
Chinakohl
Clementinen
Colagetränk
Colagetränk (kalorienarm)
Creme fraiche
Currypaste rot
Distelöl
Emmentaler
Ente (Frühmastente, schlachtfrisch)

Ente (Herz)
Erbse, grün
Erbsen
Erdnuss (geröstet)
Erdnussbutter
Erdnüsse
Erdnussöl
Essiggurke
Fernet Branca (Kräuterbitterlikör)
Feta
Fisch Innereien
Fischreste
Flohsamen
Forelle (geräuchert)
Gans
Gans (Gänseklein)
Gans (Gänseschmalz)
Gänseblut
Ginsenglikör
Gorgonzola
Grapefruit getrocknete Schale
Grapefruit/Pampelmuse/Pomelo
Grapefruitsaft
Grundrezept für eine Entenbrühe
Gurke
Gurke (bitter)
Gurke (Gewürzgurke)
Hafer Flocken (Vollkorn)
Hafer Schmelzlocken (Babynahrung)
Haselnüsse
Hering
Hirsch Nieren
Honigwein (Met)
Hopfen
Huhn Blut
Huhn Herz
Huhn Leber
Huhn Magen
Ingweröl
Kaffee
Kaninchen Leber
Karpfen
Kichererbsen
Kirsche
Kirsche (sauer)
Knoblauch
Kokosfett
Kürbiskerne
Lamm Leber
Lamm Nieren
Lauch (Porree)
Lauchzwiebel Schnittlauch
Leinsamen
Leinsamen (geschrotet)

Limabohnen
Linsen (Helmbohnen)
Linsen gelb
Linsen rot
Linsen schwarz
Lycheelikör
Makrele
Malzbier
Mandelmilch
Mandelmus
Mandeln
Mandeln Marzipan
Marillen
Martini
Mayonnaise 50%
Mayonnaise 80%
Mirabelle
Mixed Pickels
Morchel (schwarz, getrocknet)
Mungbohne
Nierenbohnen (rote)
Oliven
Oliven grün
Orange abgeriebene Schale
Orange getrocknete Schale
Orange Schale
Palmöl
Paprika
Paprika (Rosenpaprikapulver)
Paprika (süß)
Paranuss
Parmesan
Peperoni
Peperoni, gelb, entkernt, halbiert
Peperoni, rot, entkernt, halbiert
Pfeffer Cayenne
Pfefferminze
Pfefferminztee
Pfifferlinge/Eierschwammerl
Pflaume
Pflaume getrocknet
Pinienkerne
Pintobohnen gesprenkelt
Pistazien
Prosecco
Pumpernickel
Reineclaude
Reishi
Rettich Meerrettich (Kren)
Rind Herz
Rind Knochenmark
Rind Leber
Rind Lunge (Kalb)
Rind Magen

Rind Niere
Roggen
Roggen Vollkornbrot
Rosenkohl
Rotkohl
Rotwein
Rum
Sahne sauer 20%
Sahne sauer 30%
Sahne, süß 30%
Sardellen/Sardine
Saubohnen (Dicke Bohnen)
Sauerkirsche
Sauerkraut
Schmelzkäse 30%
Schnaps
Schokolade
Schokolade (Diabetiker)
Schwarzaugenbohnen
Schwarze Bohnen
Schwarzer Fungu Pilz
Schwein Blut
Schwein Bratwurst
Schwein Darm
Schwein Fett
Schwein Haut
Schwein Herz
Schwein Hirn
Schwein Leber
Schwein Lunge
Schwein Magen
Schwein Mettwurst
Schwein Nieren
Schwein Schinkenspeck
Schwein Schmalz
Sesam Paste (Tahini)
Sherry
Shiitake, getrocknet
Silbermorchel, getrocknet

Soja Cuisine (Soja-Sahne)
Soja Tofu geräuchert
Sojabohne
Sojabohnen, Gelbe
Sojabohnen, Schwarze
Sojabohnen, Schwarze, fermentiert
Sojacreme
Stangenbohnen (Fisolen)
Steinpilz/Herrenpilz
Tabasco
Topfen (Quark) 40%
Trüffel
Umeboshipflaumen (Japanaprikosen)
Vogelmiere
Vollkornbrot
Vollkornbrot mit ganzen Körner
Walnüsse
Walnüsse geröstet
Weiße Bohnen
Weißkohl/Weißkraut
Weißwein
Weizen Bier
Weizenkleie
Wermut
Wirsing/Grünkohl
Ziegen- und Schafsblut
Ziegen- und Schafshirn
Ziegen- und Schafsleber
Ziegen- und Schafsmagen
Zitrone
Zitrone Saft
Zitrone Schale
Zitrone, Limette
Zwetschken
Zwiebel Frühlingszwiebel
Zwiebel rot
Zwiebel Schalotte
Zwiebel weiss

5 Komplementär

5.1 Einreibung

5.1.1 Chili Schoten

Äußerlich als Einreibungen gut gegen rheumatische Erkrankungen,
Erkältung, Fieber, Verdauungsschwäche, Übelkeit, Erbrechen,
Schmerzen, Depressionen, Verspannungen.
Hohe Dosen können bei längerer Anwendung zu lebensgefährlicher
Hypothermie führen, zu akuter Gastritis, Nierenentzündung.
Zubereitungen mit Capsicum reizen auch in geringen Mengen Haut und
Schleimhäute und können schmerzhaftes Brennen hervorrufen.

5.2 Heil-Tee (Aufguss)

5.2.1 Rooibos

Antioxidativ, entzündungshemmend, krebshemmend, schützt durch
enthaltene Flavonoide, positive Wirkung auch auf Alzheimer,
Arteriosklerose. Antiallergisch, hemmt die Histaminausschüttung.
Antibakteriell, antiviral, antifungal, entgiftend (basisch).
3-4 Teelöffel Rooibos mit einem Liter kochendem Wasser überbrühen
und 6-10 Min. ziehen lassen. Bei weichem Wasser benötigen Sie weniger
Tee für die Zubereitung, bei härterem Wasser empfehlen wir eine höhere
Dosierung.

5.2.2 Schiefer Schillerporling, Chaga oder Tschaga

Der Extrakte aus den Knollen stimuliert das Immunsystem, wirkt
entzündungshemmend und schützen die Leber und die
Bauchspeicheldrüse.
Der Chaga zählt, durch seinen hohen Gehalt an Glucanen zu den
Substanzen, die in der Lage sind, regulierenden und regenerativen
Einfluss auf biochemische Abläufe im Organismus zu nehmen. Dies
bedeutet unter anderem, Überfunktionen wie bei einer Allergie oder
Psoriasis nach unten und Unterfunktionen, z.B. im Alter, nach oben zu
regulieren.

5.3 Kaltauszug (Mazerat)

5.3.1 Sennesblätter

Hilft bei chronischer und akuter Obstipation mit trockenem Stuhl,
abdominales Spannungsgefühl, Koliken bei Pankreatitis, Cholezystitis.
1–2 g getrocknete Blätter für Mazerat; 1–2 ml Tinktur.
Nur für den kurzfristigen Gebrauch (1 bis 2 Wochen), da die Wirkung
nach einer Latenzzeit von 10–12 Stunden nach der Einnahme eintritt. Vor
dem Zu-Bett-Gehen einnehmen.

5.4 Komplementäre Anwendung

5.4.1 Apitherapie

Die Heilwirkung von Honig, Propolis, Blütenpollen, Gelee Royale und
Bienengift: Propolis hat starke antibakteriellen, pilzhemmende und
antiallergischen Eigenschaften und unterstützt dadurch jeden
Heilungsprozess.
Das Heilen mit Bienenprodukten ist eine der ältesten Therapieverfahren.
Die Heilwirkung von Honig, Propolis, Blütenpollen, Gelee Royale und
Bienengift sind lange bekannt. Propolis hat starke antibakteriellen,
pilzhemmende und antiallergischen Eigenschaften und unterstützt
dadurch jeden Heilungsprozess. Blütenpollen ist aufgrund seines
Reichtums an essenziellen Aminosäuren, sekundären Pflanzenstoffen (u.
a. Flavonoide), organisch gebundenen Mineralstoffen und Vitaminen ein
wichtiges Mittel zur Stärkung der Abwehrkräfte. Das Wachstum von
Krebszellen (Neuroblastom) könnte gehemmt werden. Der Wirkstoff
Artepillin C soll die Bildung neuer Blutgefäße im Tumor hemmen, was
zum Aushungern und damit zur Schrumpfung führen kann. Heute weiß
man, dass die Entstehung bestimmter Krebsarten im Zusammenhang mit
Viren steht. In dem Propolis seine antivirale Wirkung entfaltet, kann eine
krebsvorbeugende und krebshemmende Wirkung entstehen.

5.4.2 Ayur Veda

Ayurveda ist eine Kombination aus empirischer Naturlehre und
Philosophie, welche die Ausgewogenheit des Körpers anstrebt.
Ayurveda hat einen ganzheitlichen Anspruch, da der ganze Mensch mit
einbezogen wird. Es werden pflanzliche Heilmittel verabreicht, welche
eingenommen oder aufgetragen werden. Dadurch werden Organe
gestärkt oder eine Entgiftung/Entschlackung angeregt.

Speziell bei Krebs wird das Ungleichgewicht verschiedener Elemente
beschrieben und behandelt. Die Methoden der Schulmedizin mit
Chirurgie, Strahlentherapien und andere Behandlungsmethoden ähneln
denen der Ayurveda in vielen Punkten.

5.4.3 Bewusstseinsbildung

Psychologen, Lebens und Sozialberater helfen mit Therapien
Psychologen, Lebens und Sozialberater helfen mit Therapien bei
Panikattacken, Ängste, Depressionen und Phobien. Die Zahl
der Angstpatienten wächst deutlich. Ursachen sind unter anderem die
hohen Anforderungen der heutigen Zeit, Stress, Überspanntheit,
unsichere Zukunftsaussichten und schwierige familiäre Situationen. Aber
auch traumatische Erfahrungen im Zusammenhang mit der Erkrankung
an Krebs können Angstauslöser sein. Typische Beratungsleistungen für
Einzelpersonen, Partner, Familien und Paare sind:
Persönlichkeitsberatung Mediation (Konfliktberatung) Ehe-,
Partnerschafts- und Familienberatung Erziehungsberatung
Ernährungsberatung Berufs- und Karriereberatung Sexualberatung
(Tantra)

5.4.4 Enzympräparate

Enzyme sind Proteinketten, die biochemische Reaktionen auslösen. Sie
könnten Umweltgifte neutralisieren und freien Radikalen, Bakterien, Viren
und Pilzen entgegenwirken.
Die Dosierung für eine Therapie und eine Kombination von Präparaten
legt der Arzt für jeden Patienten individuell fest.
Bei einer Erkrankung der Bauchspeicheldrüse verschreibt der Arzt
Enzympräparate. Hierfür verwendet man Enzyme, die aus der
Bauchspeicheldrüse des Hausschweins stammen.
Durch Zufuhr von Enzymkombination geht man davon aus, dass das
Immunsystem positiv beeinflusst oder die Entzündungsheilung
gegebenenfalls beschleunigt wird.
Die Einnahme von Enzympräparaten löst manchmal allergische
Reaktionen aus. In einigen Fällen tritt eine Verdauungsstörung in Form
von Blähungen, Übelkeit, Bauchschmerzen, Erbrechen und Durchfall auf.
Keine Enzymtherapie während der Schwangerschaft.

5.4.5 Heilfasten

Das Fasten zählt zu den ältesten Heilmethoden. Entgiftet und baut
Immunsystem auf.
Das Fasten zählt zu den ältesten Heilmethoden. In aktuellen
Untersuchungen hat sich gezeigt, dass Heilfasten konkret gegen

Krebszellen vorgeht und daher eine wichtige Komponente in einer ganzheitlichen Krebstherapie darstellen kann. Es gibt schon seit vielen Jahren mehrere Kliniken, welche die Krebstherapie mit Fastenkuren verbinden und gute Erfolge haben. Die Methode wurde vor mehr als 60 Jahren bereits in Russland angewendet. Da Krebszellen meistens einen sehr hohen Stoffwechsel haben und daher auch viel Energie benötigen, werden beim Fasten auch die Entwicklung gebremst. Grundsätzlich wird beim Fasten auch der Körper von Abfallstoffen gereinigt und dadurch das Immunsystem gestärkt. Die Erfolgsaussichten sind bei den verschiedenen Krebsarten unterschiedlich.

Die Methode des Heilfastens beruht auf der Philosophie, dass durch das Fasten besonders die Krebszellen geschwächt werden. Ich halte diese Methode nur unter ärztlicher Aufsicht durchführbar. Wenn ein Körper während eines Heilungsprozesses massiv geschwächt wird kann es zu massiven Beeinträchtigungen bei der Wundheilung kommen.

5.4.6 Hyperthermie

Künstlich erzeugte Temperaturerhöhung in Organen.

Die künstlich erzeugte Temperaturerhöhung (Therapeutische Hyperthermie oder Onkothermie) wird zur Behandlung einiger Krebserkrankungen angewendet. Dabei werden entweder der gesamte Körper oder einzelne Bereiche des Körpers durch Wärmestrahlung erwärmt (Mikro- oder Radiowellen, bzw. durch Infrarotstrahler). Sie wird meistens mit Strahlen- oder Chemotherapie kombiniert. In der Behandlung von Krebserkrankungen wird sie vor allem dann eingesetzt, wenn andere Verfahren (Operation, Strahlentherapie, Chemotherapie) keinen ausreichenden Erfolg mehr versprechen, das heißt, wenn die Patienten austherapiert sind. Interesse ist dabei allgemeine Leistungssteigerung und die Steigerung der Immunabwehr welches als Ergänzung von Krebstherapien hilfreich ist. Computergesteuert werden Radiowellen in Tumorbereiche gebündelt, und es erfolgt eine Erwärmung auf 42 bis maximal 44 °C. Die Temperatur wird für ca. 60 bis 90 Minuten aufrechterhalten. Es wurde festgestellt, dass die Zytostatika bei einer Chemotherapie bei Temperaturen über 40 °C deutlich aggressiver wirken als bei normaler Körpertemperatur. Durch Überhitzung geschädigte Tumorzellen können leichter durch eine Strahlentherapie bekämpft werden, weil ihre Reparaturfähigkeiten herabgesetzt sind. Untersuchungen haben weiterhin ergeben, dass Krebszellen bei einer Erwärmung auf ca. 42 °C im Gegensatz zu gesundem Gewebe besonders geartete Eiweißstrukturen auf ihrer Oberfläche bilden. Diese Eiweißstrukturen (Hitzeschockproteine), werden meistens vom Abwehrsystem als körperfremd erkannt, so dass die Krebszellen vom Abwehrsystem des Körpers zerstört werden können. Bei Temperaturen bis 46 °C innerhalb des Tumors kann die Wirkung einer gleichzeitig angewandten Strahlen- oder Chemotherapie verstärkt werden. Die Wärme beeinträchtigt aber auch Proteine, die dafür verantwortlich sind, dass chemoresistente Tumorzellen die für Diese schädlichen Zytostatika aus den Zellen wieder herausschleusen können. Fallen diese Ausschleusesysteme durch Wärmeeinwirkung aus, sterben selbst chemoresistente Tumorzellen, weil die Wirkstoffe weiterhin in den Zellen verbleiben.

5.4.7 Klangschalentherapie

Durch Klangwellen, die beim Anschlagen einer Klangschale entstehen, lernen die Betroffenen, sich wieder zu entspannen.
Viele Krebs-Patienten leiden vor allem psychisch unter ihrer Erkrankung. Sie können sich nicht mehr richtig entspannen und haben große Angst. Ihnen kann die Klangschalentherapie helfen. Durch Klangwellen, die beim Anschlagen einer Klangschale entstehen, lernen die Betroffenen, sich wieder zu entspannen. Durch die tiefe Entspannung können aber auch Entscheidungen oder Erkenntnisse besser wahrgenommen werden welche einer erfolgreichen Krebstherapie helfen. Die Therapeuten können zu speziellen Fragestellungen motivieren und dann die Patienten in die Entspannung führen. Im Zustand dieser tiefen Entspannung können die Gedanken dann um so ein Thema kreisen gelassen werden und so eine Verarbeitung von Erfahrungen leichter bewältigt werden.

5.4.8 Misteltherapie

Die Misteltherapie ist die am besten dokumentierte komplementäre Begleitung zur klassischen onkologischen Krebstherapie
Die Misteltherapie ist die am besten dokumentierte komplementäre Begleitung zur klassischen onkologischen Krebstherapie Sie besteht aus einem wässrigen Extrakt der Mistel. Dieser Extrakt wird mit einer Spritze unter die Haut gespritzt. Immer mehr Ärzte und Patienten vertrauen auf ihre verlässliche und sichere Wirkung und die ausgezeichnete Verträglichkeit. Die Wirkung der Misteltherapie ist eine bessere Verträglichkeit der Chemotherapie. Die Verbesserung des Allgemeinzustandes (Verringerung der Pflegebedürftigkeit und Besserung der körperlichen und mentalen Befindlichkeit) sowie eine Verbesserung von Schlaf und Appetit. Auch eine Reduktion von Schmerz ist feststellbar. Die Misteltherapie wird von Ihrem Arzt verordnet (Rezept). Mit diesem Rezept holen Sie sich dann in der Apotheke das Arzneimittel. Im Vergleich zum praktischen Nutzen sind die Kosten der Therapie sehr gering; egal ob sie von der Krankenkasse bezahlt wird, oder nicht (die Genehmigung variiert).

5.4.9 Qi-Gong

Qigong ist eine chinesische Meditations-, Konzentrations- und
Bewegungsform zur Kultivierung von Körper und Geist
Qigong ist eine chinesische Meditations-, Konzentrations- und
Bewegungsform zur Kultivierung von Körper und Geist, die auch Teil der
traditionellen Chinesischen Medizin ist. Auch Kampfkunst-Übungen
werden darunter verstanden. Zur Praxis gehören Atemübungen, Körper-
und Bewegungsübungen, Konzentrationsübungen und
Meditationsübungen der inneren Stille. Die Übungen dienen zur
Anreicherung und Harmonisierung des Qi (Physische und Geistige
Energie).

5.4.10 Selbsthilfegruppen

Die meisten Mitglieder von Selbsthilfegruppen haben die Erfahrung
gemacht, die Belastungen der Erkrankung besser zu bewältigen.
Die meisten Mitglieder von Selbsthilfegruppen haben die Erfahrung
gemacht, die Belastungen der Erkrankung besser zu bewältigen. Durch
den Erfahrungsaustausch werden die für den jeweiligen
Krankheitsverlauf besten Möglichkeiten der Mithilfe bei der Therapie
erkannt. Durch die Eingliederung in eine Gemeinschaft wird auch der
Zustand der Einsamkeit in seiner Situation bewältigt. Speziell bei der
Lösungsfindung zu einzelnen Situationen können selbst Betroffene viel
glaubwürdiger ihr Fachwissen vermitteln als Personen, welche die
Methoden lediglich theoretisch gelernt haben. Die Mitglieder können
außerdem meistens besser mit Ärzten und Therapeuten sprechen, weil
die Themen bereits in den Gruppen besprochen wurden. Außerdem
gelingt den Selbsthilfegruppen oft kritische und innovative Impulse
auszudrücken, welche zur Veränderung und zum Umdenken im
professionellen Bereich beitragen. In Selbsthilfegruppen wird Fachwissen
zusammengetragen und durch Erfahrungen der einzelne Betroffenen
ergänzt. So entsteht ein ganzheitliches Wissen, das die Mitglieder
befähigt, Entscheidungen fundiert zu treffen und in unüberschaubaren
System der Therapieangebote professionelle Dienste sinnvoll zu nutzen.
Patienten, die in der Selbsthilfe engagiert sind, haben oft kürzere
Klinikaufenthalte, weniger Therapiestunden und einen geringeren
Medikamentenverbrauch.

5.4.11 Tuina Massage

Unterstützt den Stressabbau, ist Blockaden lösend und Immunsystem
stärkend.
Anwendung nach Vereinbarung mit dem Therapeuten.
Nicht bei Tumoren, akute Verletzungen oder Ulzerationen der Haut.

5.5 Speisezugabe

5.5.1 Beifuß

Reduziert Blutungen, lindert Schmerzen. In der Küche wird Beifuß als
Gewürz für fettes Essen benutzt. Da er viele Bitterstoffe enthält, kurbelt
er die Fettverbrennung an und fördert die Verdauung.
3-10 g
Nicht in der Schwangerschaft verwenden.

5.5.2 Gelbwurz (Kurkuma)

Fördert die Entleerung der Gallenwege, gut gegen Magen-
Darmbeschwerden. Antioxidativ, antiviral, antibakteriell und
entzündungshemmend.
Für eine tägliche, dauerhafte Einnahme, kann Kurkuma zu
Kartoffelpüree, Milchspeisen, Suppen oder Soßen beigemengt werden.
Wirkstoffe: äth. Öl, Bitterstoffe, Curcumin, Stärke

Gelbwurz oder Tumeric - Hat beeindruckende Erfolge bei der
Behandlung von Karzinogenen und Mutagenen bei Labortieren erzielt.
Konzentrierter Gelbwurz zeigte ein Vermehrung der Glutathion S-
Transferase-Enzyme, die für das Leben und die Leberentgiftung von
wesentlicher Bedeutung sind.
Medizinische Anwendungen: Amenorrhoea, Blutarmut, Arthritis, Asthma,
Blutgerinnsel, Krebs, Candida, Katarrh, aufbauend, Husten, Ruhr,
Dysmenorrhöe, Ekzeme, Winde, Gallenblasen-Erkrankungen,
Gallensteine, Gastritis, Herzleiden, Hepatitis, zu hohem
Cholesterinspiegel, Verdauungsstörungen, reizbarem Darm, Gelbsucht,
Leberentgiftung, Schutz der Leber, Übelkeit, Fettleibigkeit,
Rachenkatarrh, Hautkrankheiten, einschließlich parasitischer
Hautinfektionen, Traumata, Harnwegskrankheiten, Tumore an der
Gebärmutter.
Eigenschaften: Alterativ, schmerzlindernd, antibiotisch, anti-koagulant
(hemmt Blutgerinnung) antifungal, entzündungshemmend, antioxidierend,
antiseptisch, aromatisch, adstringierend, galletreibend,
kreislaufanregend, verdauungsfördernd, den Eintritt der Monatsblutung
förderndes Mittel, leberstärkend, Stimulans, unterstützt die Wundheilung.
Bei Verschluss der Gallenwege oder Gallensteinen sollte man auf
Kurkuma verzichten.

5.6 Verschiedene Möglichkeiten

5.6.1 Mariendistel

Gut gegen Koliken, Krämpfe, Schmerzen im Oberbauch, Obstipation,
Leberzirrhose, Fettleber, Pankreaserkrankungen.
Ein wichtiges Lebermittel in der westlichen Naturheilkunde, besonders
zur Entgiftung und als Antitoxin. Selten als Teedroge verwendet, da
wichtige (antitoxische) Inhaltsstoffe schlecht wasserlöslich sind.
Kann leicht laxierend wirken.

6 Grundlagen der Ernährung

Die hier beschriebenen Grundlagen der Ernährung zeigen allgemeine
Empfehlungen und beziehen sich nicht auf eine spezielle Therapieform.
Die Empfehlungen der Therapie haben Vorrang.

6.1 Ernährung

Die regelmäßige Einnahme von Mahlzeiten in entspannter Atmosphäre.
Ein wärmendes Frühstück gilt als guter Start in den Tag.
Mittags sollte die Hauptmahlzeit stattfinden - das Abendessen am frühen
Abend.

Die Beachtung von Hunger- und Sättigungsgefühlen: Nicht überessen
und nicht hungern, so lautet die Regel.

Die frische Zubereitung der Speisen aus naturbelassenen, regionalen
Produkten. Tiefgekühlte, hitzekonservierte, industriell vorgefertigte oder
mikrowellengegarte Lebensmittel werden gemieden.

Die Auswahl von Lebensmittel nach der Jahreszeit: Im Sommer mehr
kühlende Nahrung, im Winter mehr wärmende Nahrung.

Mindestens zweimal am Tag Gekochtes essen. Speisen und Getränke
sollen möglichst handwarm, niemals eiskalt oder heiß sein.

Rohkost, kurz gegartes Gemüse, frisch gepresste Säfte und
Mineralwasser werden üblicherweise nicht empfohlen. Milch und
Milchprodukte stehen nur dann auf dem Speiseplan, wenn sie problemlos
vertragen werden.

Therapeutische Rezepte nicht über einen längeren Zeitraum ohne
Rücksprache mit dem Arzt oder Therapeuten einnehmen.

1. Vielseitig essen
Lebensmittelvielfalt genießen. Merkmale einer ausgewogenen Ernährung
sind abwechslungsreiche Auswahl, geeignete Kombination und
angemessene Menge nährstoffreicher und energiearmer Lebensmittel.
(Einerseits Schutz vor Unterversorgung mit essentiellen Nährstoffen und
andererseits Schutz vor einer überhöhten Zufuhr unerwünschter
Inhaltsstoffe.)

2. Reichlich Getreideprodukte - und Kartoffeln
Brot, Nudeln, Reis, Getreideflocken (am besten aus Vollkorn), sowie

Kartoffeln enthalten kaum Fett, aber reichlich Vitamine, Mineralstoffe, Spurenelemente sowie Ballaststoffe und sekundäre Pflanzenstoffe. Diese Lebensmittel sollten mit möglichst fettarmen Zutaten verzehrt werden.

3. Gemüse und Obst - Nimm "5" am Tag ...

5 Portionen Gemüse und Obst am Tag, möglichst frisch, nur kurz gegart, oder auch eine Portion als Saft – idealerweise zu jeder Hauptmahlzeit und auch als Zwischenmahlzeit: Damit werden reichlich Vitamine, Mineralstoffe sowie Ballaststoffe und sekundären Pflanzenstoffe (z.B. Carotinoiden, Flavonoiden) zugeführt. Das Beste, was man für die eigene Gesundheit tun kann.

4. Täglich Milch und Milchprodukte, ein- bis zweimal in der Woche

Fisch; Fleisch, Wurstwaren sowie Eier in Maßen. Diese Lebensmittel enthalten wertvolle Nährstoffe, wie z.B. Calcium in Milch, Jod, Selen und Omega-3-Fettsäuren in Seefisch. Fleisch ist wegen des hohen Beitrags an verfügbarem Eisen und an den Vitaminen B1, B6 und B12 vorteilhaft. Mengen von 300 - 600 g Fleisch und Wurst pro Woche reichen hierfür aus. Fettarme Produkte bevorzugen, vor allem bei Fleischerzeugnissen und Milchprodukten.

5. Wenig Fett und fettreiche Lebensmittel

Fett liefert lebensnotwendige (essenzielle) Fettsäuren und fetthaltige Lebensmittel enthalten auch fettlösliche Vitamine. Fett ist besonders energiereich, daher kann zu viel Nahrungsfett Übergewicht fördern, möglicherweise auch Krebs. Zu viele gesättigte Fettsäuren fördern langfristig die Entstehung von Herz-Kreislauf-Krankheiten. Pflanzliche Öle und Fette bevorzugen (z.B. Raps-, Oliven- und Sojaöl und daraus hergestellte Streichfette). Auf unsichtbares Fett achten, das in Fleischerzeugnissen, Milchprodukten, Gebäck und Süßwaren sowie in Fast-Food- und Fertigprodukten meist enthalten ist. Insgesamt 70 - 90 Gramm Fett pro Tag reichen aus.

6. Zucker und Salz in Maßen

Nur gelegentlich Zucker und Lebensmittel, bzw. Getränke verzehren, die mit verschiedenen Zuckerarten (z.B. Glucose Sirup) hergestellt wurden. Kreativ mit Kräutern und Gewürzen und wenig Salz würzen. Jodiertes Speisesalz bevorzugen.

7. Reichlich Flüssigkeit

Wasser ist absolut lebensnotwendig. Jeden Tag rund 1-2 Liter Flüssigkeit trinken. Wasser (ohne oder mit Kohlensäure) und andere kalorienarme Getränke bevorzugen. Alkoholische Getränke sollten nicht konsumiert werden.

8. Schmackhaft und schonend zubereiten
Die jeweiligen Speisen bei möglichst niedrigen Temperaturen garen,
soweit es geht kurz, mit wenig Wasser und wenig Fett - das erhält den
natürlichen Geschmack, schont die Nährstoffe und verhindert die Bildung
schädlicher Verbindungen.

9. Sich Zeit nehmen und das Essen genießen
Bewusstes Essen hilft, richtig zu essen. Auch das Auge isst mit. Sich
beim Essen Zeit lassen. Das macht Spaß, regt an, vielseitig zuzugreifen
und fördert das Sättigungsempfinden.

10. Auf das Gewicht achten und in Bewegung
Ausgewogene Ernährung, viel körperliche Bewegung und Sport (30 bis
60 Minuten pro Tag) gehören zusammen. Mit dem richtigen
Körpergewicht fühlt man sich wohl und fördert die Gesundheit.
Thermik, Wirkrichtung, Verdauungskraft
Es gibt unterschiedliche Kriterien, die Wirksamkeit von Kräutern und
Lebensmittel zu beurteilen. Der Einsatz der Kräuter und Zutaten basiert
auf Beobachtung, was die Lebensmittel, Kräuter und Gewürze nach
ihrem Verzehr im Körper bewirken. In der Medizin hat sich daraus
folgendes System entwickelt: Jede Zutat oder Kraut hat eine
Wirkrichtung. Außerdem gibt es noch Kräuter, die eine besondere
Wirkung auf bestimmte Organe haben.

Voraussetzung für einen gesunden Stoffwechsel ist es, darauf zu achten,
dass wir ausreichend Energie aus der Nahrung gewinnen und der
Verdauungsprozess so wenig Energie wie möglich verbraucht. Eine
bekömmliche Mahlzeit macht zufrieden und satt, verursacht keine
Blähungen und keine Müdigkeit nach dem Essen. Richtiges Würzen
erhöht die Bekömmlichkeit unserer Speisen. Es genügen oft schon
geringe Mengen an Kräutern und Gewürzen. Sie dienen nicht dazu, uns
satt zu machen, sondern helfen unseren Verdauungsorganen, die
Nahrung zu verdauen.

6.2 Rezepte

Die Rezepte zeigen Ihnen welche Zutaten verwendet werden sowie mit
der Kochanleitung wie diese zubereitet werden. Bei den Zutaten wird
neben den Mengenangaben auch die Wichtigkeit für die Therapie
angezeigt. Wenn dabei angezeigt wird "weniger als angegeben"
versuchen Sie diese Empfehlung einzuhalten oder eine Alternative aus

der Liste der "Empfohlenen Lebensmittel" zu finden. Meistens ist es nur eine leichte geschmackliche Änderung wenn Sie diese Zutat gänzlich weglassen.

Schonende Kochmethoden: Kochen, dämpfen, pochieren, dünsten
Scharfe Kochmethoden: Grillen, rösten, anbraten, räuchern
Ausgeglichene Kochmethoden: Frittieren, Römertopf

Auf das Einfrieren und erwärmen in der Mikrowelle sollte verzichtet werden (Denaturierung).

6.3 Lebensmittel

Lebensmittel wirken wie Heilkräuter auf Körper und Geist, nur wesentlich sanfter. Die Ernährungsberatung stützt sich hauptsächlich auf heimische Lebensmittel. Das Wissen über die Wirkungsweisen jedes einzelnen Lebensmittels und das Wissen wann welche Lebensmittel zur Anwendung kommen, entstammt der Schulmedizin. Verwende Sie möglichst Erzeugnisse aus ökologischen-biologischem Landbau.

Da wegen der besseren Verdaulichkeit grundsätzlich alles lange gekocht und kaum roh gegessen wird, ist die Verträglichkeit hervorragend.

Die Einteilung der Lebensmittel entsprechend ihrer Wirkung auf den Körper und bildet die Basis, um einen ausgewogenen und harmonischen Gesundheitszustand im Körper zu erreichen.

Grundsätzlich empfiehlt die Ernährungsberatung keine bestimmten Lebensmittel für Jedermann. Ausschlaggebend für den individuellen Speiseplan ist vor allem die persönliche Konstitution.

Kaufen Sie nur frisches und reifes Obst und Gemüse ein. Braune Stellen, welke Blätter aber auch unreifes Obst und Gemüse sollten Sie im Supermarkt zurücklassen. Greifen Sie dann zu Tiefkühlware (keine Fertiggerichte!). Tiefkühlobst und -gemüse werden kurz nach dem Ernten schockgefroren und enthalten deshalb oftmals mehr Vitamine und Mineralstoffe, als die Ware aus der Obst- und Gemüsetheke! Konserven- und Dosenware dagegen enthält wesentlich weniger Biostoffe. Zudem werden Letztere meist mit Salz, Zucker usw. angereichert. Lassen Sie die Zutaten nach dem Waschen nie im Wasser liegen, denn so gehen viele Vitalstoffe ins Wasser über! Putzen Sie Salate, Früchte und Gemüse erst unmittelbar vor Verzehr.

Beachten Sie bitte die hygienische Verarbeitung der Lebensmittel.
Waschen Sie Ihre Salate, Früchte und Gemüse gründlich. Bei Gerichten
mit Fleisch bereiten Sie zuerst die Zutaten vor und verarbeiten dann die
Fleischprodukte. Reinigen Sie danach die Arbeitsflächen und Werkzeuge
besonders gründlich. Holzunterlagen sollten regelmäßig mit leichtem
Desinfektionsmittel behandelt werden um die Keimbildung
einzuschränken.

Bewahren Sie Obst und Gemüse möglichst getrennt voneinander auf.
Auch geerntete Früchte und Gemüse leben und strömen z.B. Ethylengas
aus, das andere Sorten schneller reifen und altern lässt. Fleisch und
Fisch in der verschlossenen Verpackung lassen oder in luftdichten Boxen
im Kühlschrank aufbewahren.

6.4 Kräuter

Bei der Aufbewahrung und Lagerung von Heilkräutern, müssen gewisse
Grundregeln beachtet werden. Grundsätzlich müssen Heilkräuter
geschützt vor direkter Sonneneinstrahlung, vor Feuchtigkeit und vor
heißen Temperaturen gelagert werden.

Als Gefäße für die Lagerung von Heilkräutern können Gläser, Keramik-
Behälter und zur Not auch Plastik-Dosen eingesetzt werden. Plastik ist
aber ein sehr unreines Material und sollte daher wirklich nur eine
kurzfristige Notlösung sein. Bei Glasbehältern ist darauf zu achten, dass
dunkles Glas verwendet wird.

Heilkräuter können nicht beliebig lange aufbewahrt werden. Die
Haltbarkeit von Heilkräutern ist auf jeden Fall begrenzt. Durch die
Haltbarkeitsdauer kann durch sachgerechte Lagerung wesentlich erhöht
werden. So soll der Lagerplatz dunkel, eher kühl und absolut trocken
sein. Ein Medizinschrank aus Holz, der nicht direkt bei einer
Wärmequelle platziert ist wäre ideal. Um Ihre Heilkräuter nicht wegwerfen
zu müssen, kaufen Sie nicht zu große Mengen an Heilpflanzen.
Beschriften Sie die Behälter mit dem Namen des Heilkrauts und dem
Datum der Ernte bzw. der Verarbeitung.

7 Weitere Ernährungsvorschläge

Folgende Syndrome der Diätetik, der TCM oder als Therapieergänzung bei Krebs sind verfügbar.

<u>DIÄTETIK</u>
1. Ernährung des Säuglings - Beikost
2. Ernährung in der Stillzeit
3. Ernährung im Alter
4. Ernährung von Kindern und Jugendlichen
5. Ernährung von Sportlern
6. Leichte Vollkost
7. Schwangerschaft
8. Vollkost

Eiweiß und Elektrolyt – Nieren
9. (Hämo-)Dialysebehandlung
10. Akutes Nierenversagen
11. Chronische Niereninsuffizienz
12. Nephrotisches Syndrom
13. Nierensteine (Nephrolithiasis)

Gastrointestinaltrakt - Bauchspeicheldrüse
14. Akute Pankreatitis (Entzündung der Bauchspeicheldrüse)
15. Chronische Pankreatitis (Entzündung der Bauchspeicheldrüse)

Gastrointestinaltrakt - Dünndarm und Dickdarm
16. Akute Obstipation (Verstopfung)
17. Chronische Obstipation (Verstopfung)
18. Colon irritabile
19. Divertikulitis
20. Erworbene Laktoseintoleranz (Laktosemalabsorption)
21. Fruktosemalabsorption
22. Glutensensitive Enteropathie (Zöliakie)
23. Kolektomie
24. Kurzdarmsyndrom

Gastrointestinaltrakt - Leber, Gallenblase, Gallenwege
25. Akute und chronische Hepatitis (Entzündung der Leber)
26. Cholelithiasis (Gallensteine)
27. Fettleber
28. Leberzirrhose

Gastrointestinaltrakt - Magen und Zwölffingerdarm
29. Akute Gastritis
30. Chronische Gastritis
31. Magenblutung
32. Ulcus ventriculi und Ulcus duodeni
33. Zustand nach Magenoperation

Gastrointestinaltrakt - Mundhöhle und Speiseröhre
34. Mundschleimhautentzündung
35. Ösophaguskarzinom (Speiseröhrenkrebs)
36. Reflüxösophagitis (Sodbrennen)

spezielle Krankheiten
37. Phenylketonurie (PKU)
38. Rheumatische Gelenkserkrankungen

Stoffwechsel
39. Adipositas (Übergewicht)
40. Diabetes mellitus
41. Essstörungen (Untergewicht)
Fettstoffwechsel
42. Hypercholesterinämie (erhöhter Cholesterinspiegel)
43. Hepatische Enzephalopathie
Herz- und Kreislauf
44. Arteriosklerose (Arterienverkalkung)
45. Herzinsuffizienz
46. Hypertonie (Bluthochdruck)
47. Hyperurikämie und Gicht
veränderter Nährstoffbedarf
48. bei Fieber
49. bei malignen Erkrankungen
50. nach Verbrennungen
51. Strahlen- und Chemotherapie

KREBS
100. Bauchspeicheldrüse
101. Blasenkrebs
102. Blutkrebs (Leukämie)
103. Brustkrebs
104. Darmkrebs
105. Magenkrebs
106. Nierenkrebs
107. Speiseröhrenkrebs

TCM
200. Blase - Feuchte Hitze in der Blase
201. Blase - Feuchtigkeit und Kälte in der Blase
202. Blase - Leere und Kälte in der Blase
203. Dickdarm - äussere Kälte befällt den Dickdarm
204. Dickdarm - Feuchte Hitze im Dickdarm
205. Dickdarm - Hitze blockiert den Dickdarm II akut
206. Dickdarm - Trockenheit des Dickdarms
207. Dickdarm - Yang Mangel (Kälte)
208. Herz - Blut Mangel
209. Herz - Blut Stagnation
210. Herz - Feuer
211. Herz - Heisser Schleim verstopft die Herzporen
212. Herz - Kalter Schleim verstopft die Herzporen
213. Herz - Qi Mangel
214. Herz - Yang Mangel
215. Herz - Yin Mangel
216. Leber - aufsteigender Leber-Yang
217. Leber - Blut-Mangel
218. Leber - Blut-Stagnation
219. Leber - feuchte Hitze in Leber und Gallenblase
220. Leber - Feuer
221. Leber - Gallenblase Qi-Leere
222. Leber - Kälte im Lebermeridian
223. Leber - Qi-Stagnation